启秀文库

孙宜学◎主编

孙子兵法

[春秋] 孙武◎著　李金水◎译注

朝華出版社
BLOSSOM PRESS

图书在版编目（CIP）数据

孙子兵法 /（春秋）孙武著；李金水译注 . -- 北京：朝华出版社，2024. 8.（2024. 11 重印）. --（启秀文库 / 孙宜学主编）. ISBN 978-7-5054-5483-5

Ⅰ . E892.25

中国国家版本馆 CIP 数据核字第 20248WL990 号

孙子兵法

[春秋] 孙武　著
李金水　译注

选题策划　黄明陆　李金水
责任编辑　刘小磊
责任印制　陆竞赢

出版发行　朝华出版社
社　　址　北京市西城区百万庄大街 24 号　　邮政编码　100037
订购电话　（010）68996522
传　　真　（010）88415258
联系版权　zhbq@cicg.org.cn
网　　址　http://zhcb.cicg.org.cn
印　　刷　三河市龙大印装有限公司
经　　销　全国新华书店
开　　本　920mm × 1260mm　1/16　　字　　数　152 千
印　　张　13
版　　次　2024 年 8 月第 1 版　　2024 年 11 月第 2 次印刷
装　　别　精
书　　号　ISBN 978-7-5054-5483-5
定　　价　36.00 元

“启秀文库”编委会

总序

中国传统文化经典作品是中国智慧的结晶和集中体现，源于中国人的生存智慧、生命智慧，是一代代中国人对天地万物、时序经纬的心灵感悟和提炼总结，已成为人类精神文明的宝贵财富。至今，这些作品仍能释日常生活之惑、解亘古变化之谜，为世界的未来提供中国范式。

中国和世界需要既包蕴中国传统文化精髓，又能真实反映新时代中国文化新发展、新概念的中国传统文化经典著作，这样的著作应具备以下特点：

1. 兼具知识的广度与理论的深度。能撷取中华优秀传统文化的精华，体现中国人的思维方式和中国文化特质，同时具有内在的理论逻辑，集知识性、系统性、科学性于一体。

2. 兼具学术的高度和历史的维度。能讲清楚“何谓‘文’”“何谓‘化’”和“何谓‘文化’”，并立足于中国和世界文化发展史，以中国传统文化典籍为历史线索，阐释、勾勒出中国文化发展历史的昨天、今天和明天。引导读者通过中国文化内涵的特殊性和普适性元素了解中国文化如何不断推陈出新，中国智慧如何不断博观约取、吐故纳新。

3. 兼具精准的角度和客观的态度。能基于读者的客观诉求、阅读习惯和审美习惯，充分发掘和利用中国的地域、经济和文化特点，全面深入研究中国文化资源，保证经典著作能“贴近不同区域、不同国家、不同群体受众”，更直接有效地“推进中国故事和中国声音的全球化表达、区域化表达、分众化表达”。

4. 兼具多元的维度与开放的幅度。能基于世界阅读中国的目标，从中外文化互鉴视角，成为世界文化多维度交流互鉴的载体和可持续阐释的源文本。

我们选编这套“启秀文库”，即因此，并为此。中国人阅读这些作品，可以学会更好地生活；外国人阅读这些作品，可以了解和理解中国人的美好生活是一种什么样的历史形态。中外读者共同汲取其中的智慧，可以知道如何建设一个和谐美丽的世界，以及未来的世界会如何美好。

伟大的经典作品，都是为了将日常的生活变得更加美好。在建设“人类命运共同体”的今天，中国文化的精神滋养不应只培育中华民族子孙的天下情怀，还应引导世界人民学会欣赏中国之美、中国之魂、中国之根，在促使世界更深刻理解中国的历史和当代的同时，实现不同民族文化的和谐相处、共生共进。

在中华民族开启向第二个百年奋斗目标进军的新征程之际，中国文化发展也必将进入一个新阶段。这套丛书的时代价值，在于其将“中华文化感召力、中国形象亲和力、中国话语说服力、国际舆论引导力”融入编写、注释和诠释的全过程，从而使传统文化经典作品更能适应新时代，更有能力承载与传播中华文化精髓，向世界讲好中国故事。

孙宜学

2024 年 7 月

于同济大学

前言

《孙子兵法》是中华民族文化宝库里的一颗明珠，千百年来，世代相传。其不但被中国人所推崇，而且越来越被世界所认可，被奉为人类军事理论宝典。

孙子的兵法思想既自成体系，大放异彩，又与其他各家互相融通，相映生辉。在政治上，它继承了先王们治国安民的统御策略；在思想方法上，又与道家、儒家有许多相通之处；在军事上，基本承袭了姜尚、管仲等谋略家用兵制胜之策，如奇正、利害、阴阳和神速、戒备等。《孙子兵法》之所以千古不衰，正是因为孙子集中了中国古代先哲们的智慧，也与孙子本人的经历分不开。

一

孙子，名武，字长卿，原是陈国后裔，生于春秋时期的齐国。历史上，齐国濒临渤海，有渔盐之利，在诸侯国中是一个物产丰富、实力强盛的大国。同时，齐国也是一个拥有诸多军事典籍的大国，如司马穰苴著有《司马穰苴兵法》，姜尚著有《太公兵法》，管仲著有《管子》，等等。这些优秀的军事文化典籍为孙子学习和继承前人的兵法提供了良好的条件。

春秋晚期的齐国，新旧势力极为复杂，旧贵族之间发生了内乱。正是这种纵横捭阖的斗争，在客观上为孙子提供了洞察统治集团上层斗争的机会，锻炼了他善于应变的机智才能。后来，由于内乱，他离开了故土齐国，到南方新兴的吴国。

孙子来到吴国后，一面潜心研究兵法，观察吴国政治动向；一面与他的好友伍子胥亲密合作，协助吴王修运河，建城郭，整军经武，发展生产，加强战备。此后，伍子胥提出“三分疲楚”的持久消耗策略，把吴军分为三部：第一部出兵击楚，等楚军集结反攻时，即刻退走；楚军一解散，第二部又出击，逼得楚军再度集结，如是再三。“三分疲楚”策略的机变运用，仅用一年时间，便令楚军不胜烦扰，战力折损，士气低落，以致用来牵制吴国的重要据点也被一一攻破。

孙子将这种“三分疲敌”的消耗战法施展得淋漓尽致。吴王本有意乘胜追击，长驱直入楚国，但孙子阻止吴王这样做。他认为：士卒征战经年，需要休息，况且大别山区附近尚有若干小国未征服，南面来自越国的威胁未除，优势还未形成，此时不宜出兵。

此后的四年里，吴国逐步攻占了大别山以东及汉水、淮河一带，使附近的小国全部臣服。而原先楚的属国唐、蔡也因故与楚交恶，蔡遭楚讨伐，转而向吴国求援。

正是在这一有利形势下，孙子抓住用兵良机，奏请吴王攻楚。吴王做出伐楚的决定后，孙子亲率吴军，先接纳唐、蔡两国军队，一举突破桐柏山这一大别山的天险，迅速深入楚国境内。同时，另一支部队从北面由淮河西上，越过三隘口，与南路军会合。

孙子的谋划大出楚国意料。楚国的判断是：吴军的主力必在北面，且北路军行动趋缓，楚军完全可以先将吴军留下的舟船破坏殆尽，断其退路，然后赶到三隘口，堵住吴军去路，使吴军进退不得。

不料，楚军尚未抵达淮河，吴军的北路军便有如神助般地通过三隘口，与南军会师。更让楚军想不到的是，自己未加防备的南路军竟然是主力。

吴军越过大别山，如入无人之境，未遭任何抵抗。当楚国发觉时，吴军早已到达柏举，以逸待劳，击溃仓促来袭的楚军。楚军将帅之间本来就彼此钩心斗角，竞相邀功，整体战力无法发挥，柏举一败后，士气更是低落，自此兵败如山倒。吴军在孙子的指挥下，从柏举直入郢都，一路追击楚军，前后达十日之久，逼得楚王弃城。吴楚争霸七十余年，至此终于告一段落。

孙子作为一位统帅，理应对此次的胜利引以为傲，然而，孙子此时的心境却是万分沮丧和失意。他目睹吴军攻入郢都后，从吴王到文武大臣，个个贪恋楚王室的美女财宝，军队则恣意搜刮财物，打杀劫掠，纪律荡然无存。而伍子胥为了报仇，竟将已死去十年的前楚王（平王）从棺木中挖出鞭尸。种种恶行恶状，令孙子扪心自问：六年来的策划、部署、训练、征讨、枕戈待旦、步步为营，到如今转战千里，完成破楚大业，到底是为了什么呢？难道是为了个人的报仇雪恨，放纵私欲吗？严酷的现实使孙子突然跃出了兵法的迷宫。

当秦国应楚国之请，派兵前来救楚，将吴军击败后，伍子胥企图反攻，力保江山。而孙子却劝他应适可而止——既已破楚国都，逐走楚王，且又掘尸泄恨，夫复何求？

孙子在吴军班师后，即隐退离去，不知所终，唯留下兵法十三篇，流传人间。

二

《孙子兵法》不但经久不衰，而且被人们应用于处世、管理、创业、经商、谈判等领域，其中之诀窍，就在于孙子的用兵法则。这种法则是一种全胜的原则、先知的原则、先胜的原则、主动的原则、机动的原则。

打仗就是为了胜利，但是孙子认为，所谓胜利，并非将敌人杀得血流成河，赶尽杀绝。相反，应该保全战力，不费一兵一卒即可获胜。

孙子在整部兵书中再三强调，出兵务必谨慎，不可轻率，因为战争是“国之大事，死生之地，存亡之道，不可不察也”（《计篇》）。贤君良将，必须牢记“亡国不可以复存，死者不可以复生”（《火攻篇》）的道理，不是对国家有利，就不行动；不能取得胜利，就不用兵；不是非常危险，就不作战；如若必须开战，孙子则主张一个“全”字，主张不经血战，便能获得最完美的战果，全军凯旋，不受任何损伤。取得“全胜”的方法，无非“伐谋”“伐交”——以谋略，以外交手腕，不战而屈敌之兵。因此，孙子说：“百战百胜，非善之善者也；不战而屈人之兵，善之善者也。”（《谋攻篇》）百战百胜固然神勇，但造成的损伤必然相对增加，对国家的整体发展有碍。攻城略地，实在算不上最高的境界，能够兵不血刃而退阻敌人，才是高人一等的将帅。

孙子最反对的是不分青红皂白，不问胜负成败，不计算可能付出的成本，便轻起战端，贸然出兵。孙子主张，在战前即应衡量敌我实力，比较双方胜算；敌人的动态、战场地形的特征与气候、邻国的反应和态度，都应在事前有充分的了解。此即孙子提出的第二个原则——先知。

“先知”的第一个内涵是研究、判断胜算。

孙子在开篇《计篇》中提出“五事”“七计”，作为比较敌我实力、评估胜算的准则。

“五事”是指道、天、地、将、法；“七计”是指“主孰有道？将孰有能？天地孰得？法令孰行？兵众孰强？士卒孰练？赏罚孰明？”（《计篇》）。“五事”和“七计”把政治措施、领导统御、天时地利、士气、纪律、训练与战力等条件一一摊开比较，即可知出兵交战，能有几分胜算。愈多做比较，精心计算，对敌我情势的把握就愈充足。

孙子在《谋攻篇》中也提到五项预知获胜的先决条件，这五项是：知道什么情况下可以战，什么情况下可以不战；知道根据敌我双方的兵力来采取对策；上下一心，同仇敌忾；自己准备充分，而敌人准备不足；将帅有能，且获君王信任与授权。

“先知”的第二个内涵是掌握敌情。

孙子认为，明君贤将之所以能战无不胜，攻无不克，正是因为“先知”；相反，一个昧于敌情的将领或国君，简直是“不仁之至”。当然“先知”不是靠求神问卜，也不能凭过去的战例类推，而只能有赖于间谍的作用。所以，孙子以《用间篇》作为整部兵书的压轴，与首篇《计篇》相互呼应。

孙子对兵法中的间谍活动非常重视，对此，其作过一段精辟的论述：“用间有五：有因间、有内间、有反间、有死间、有生间。五间俱起，莫知其道，是谓神纪，人君之宝也。因间者，因其乡人而用之；内间者，因其官人而用之；反间者，因其敌间而用之；死间者，为诳事于外，令吾闻知之而传于敌间也；生间者，反报也。”“故三军之事，莫亲于间，赏莫厚于间，事莫密于间。非圣智不能用间，非仁义不能使间，非微妙不能得间之实。微哉微哉，无所不用间也！”（《用间篇》）

除了展开间谍活动以外，观察敌人动态，分析、判断其虚实，也是获得敌情的方法。孙子在兵法中反复强调，对敌我态势要有充分了解，出兵才有得胜的把握。孙子说：“知彼知己者，百战不殆；不知彼而知己，一胜一负；不知彼不知己，每战必败。”（《谋攻篇》）

这里值得一提的是：“百战不殆”与“百战百胜”是略有区别的。孙子认为，只知己不知彼和只知彼不知己一样，都仅有一半胜算，就算知己知彼，也不能完全胜利，还要了解天时地利，

这样才能保证万无一失。孙子说："知彼知己，胜乃不殆；知天知地，胜乃不穷。"（《地形篇》）

但是，"全胜"必须建立在"先胜"的基础上。"先胜"指的是在用兵作战之前，先创造有利的态势，使敌人无可乘之机，并且伺机而动，一举获胜。

孙子在《军形篇》中讲得很清楚，他指出，善于用兵作战者，必先立于不败之地，使敌无机可乘，且不放过任何可以袭击敌人的机会；胜利者都是创造必胜的条件，然后再与敌人作战，只有失败者才是先和敌人开战，再企求侥幸取胜。那种"船到桥头自然直"的想法是不可取的。所谓"船到江心补漏迟"即是说事先无准备的交战是被动的。

孙子说："善战者，致人而不致于人。"（《虚实篇》）就是强调战争的又一个重要原则——主动。支配敌人（致人），不被敌人所支配（不致于人），方能出师大捷。

在战场上，如果受制于人，再高妙的兵法也无用武之地；反之，若能取得战场主动权，即使兵力处于劣势，也能以寡敌众，反败为胜。

主动权是靠计谋争取来的。孙子指出，凡是先到达战地等待敌人，就居于从容主动的地位；反之，必然仓促应战，疲于奔命。因此，将帅应该不断骚扰敌人，破坏其优势，使敌人陷入疲惫、饥饿、害怕、疑惑的状态，让敌人的斗志、情绪都受我方摆布。

当然，要敌人随我方设计好的圈套行动，并不是那么容易的事。孙子举例说，要让敌人乖乖地照计谋进入我方预定的决战地点，便要以利诱之；要让敌人不敢前来进攻，就要令敌人感受到贸然进攻的后果。若能掌握此中诀窍，我军行军千里，既不劳累，也无危险，因为敌人势必不敢拦截抵抗；我军发动攻击，必定得手，因为敌人根本没想到要去设防；我军采取守势，万无一失，因为敌人不敢或不易进攻。

在战场上，只有掌握主控权，谋略才可得以施展，才能以寡击众，才能转败为胜，才能把握机动多变的态势。

机动——是孙子用兵法则的又一原则。孙子认为，战争是斗智手段的运用，必须发挥“攻其无备，出其不意”（《计篇》）的奇袭效果。为达到奇袭的目标，机动是不可或缺的手段。如果自身不能保持高度的机动能力，则一切奇袭行动，均属盲目行动。

战争还要讲求速度。拖拉战事，会拖垮国家经济，破坏社会建设，军队也会出现厌战心理，因此孙子说：“兵贵胜，不贵久。”（《作战篇》）

然而，战力强大的军队，并不是只知快攻猛打，必须“悬权而动”（《军争篇》）。孙子说，作战时应“以分合为变”（《军争篇》），或集中兵力，或分散兵力，依战场情况而变化；该动则动，该静则静，有时如处女般沉静，有时如脱兔般迅猛。孙子以“其疾如风，其徐如林，侵掠如火，不动如山，难知如阴，动如雷霆”（《军争篇》）来形容这种机动力。

由此可知，一味求快求猛，不尽然为上上策。强行军的结果，可能是只有部分兵力得以抵达战斗位置，集结兵力愈少，战斗力愈低。孙子有鉴于此，特别在《军争篇》中提出迂回作战的战术，并将“以迂为直”当作大兵团作战的指导原则。

以迂为直就是作战时的变通之道。机变，不仅涵盖行动上的爆发力，也包括用兵法则的随机应变。《九变篇》所讲的“途有所不由，军有所不击，城有所不攻，地有所不争，君命有所不受”，便是着眼于不同情况下的变通。

三

总之，《孙子兵法》这部集兵法之大成的军事宝典所蕴含的军事思想、战争原理，包罗万象，前述几项原则，只是其中一部分，另如领导统御的艺术、士卒心理的掌握、地形地物的利用，以及以战养战、正合奇胜、火攻、欺敌等战术运用，在十三篇兵法中均有详尽生动的阐述。

虽然刀光剑影的冷兵器战争时代已经远去，但《孙子兵法》仍然是军事指挥官必读的兵书。1991年爆发的海湾战争中，联军高级参谋们人手一册《孙子兵法》，并把兵法精义运用于实战中，获得了辉煌的战果。

日本松下电器的创始人松下幸之助、曾担任英国空军元帅的约翰·斯莱瑟、伊拉克战争的美军总指挥汤米·弗兰克斯都对《孙子兵法》推崇备至。美国哈佛大学从教授到学员，几乎人手一册《孙子兵法》。2000多年前中国古人的智慧竟然能被今天的部队采纳吸取并用于战争实践，足以体现出中华传统文化的巨大影响力。

时至今日，《孙子兵法》陆续被翻译成英、法、德、意等多种文字，受到世界的广泛关注。

本书重点突出实用功能，其中既有权威原文，又有通俗译评，同时精心选择具有代表性的案例，从军事谋略、处世智慧等方面对孙子的智谋重新解析、阐释。本书兼具实用性和典藏性，是一本适合各行各业人士借鉴学习的普及读物。

书中难免存在疏漏，敬请读者批评指正！

编者

2024年4月

目录

计　篇

用兵始于计谋，善策出自“庙算”，而精确的“庙算”又来自对各种因素的侦测考察。

孙子在本篇中非常具体地提出了“五事”“七计”的考察标准，按照这个标准能对自己和敌人的优劣有一个较全面的判断，即“先察”。在“先察”的基础上做到“后谋”。

孙子还在这些基础上总结了整部兵法的精粹：“攻其无备，出其不意。”

原文

孙子曰：兵者，国之大事，死生之地，存亡之道，不可不察也。

故经之以五事，校之以计，而索其情：一曰道，二曰天，三曰地，四曰将，五曰法。道者，令民与上同意也，故可以与之死，可以与之生，而不畏危；天者，阴阳、寒暑、时制也；地者，远近、险易、广狭、死生也；将者，智、信、仁、勇、严也；法者，曲制、官道、主用也。凡此五者，将莫不闻，知之者胜，不知者不胜。故校之以计，而索其情，曰：主孰有道？将孰有能？天地孰得？法令孰行？兵众孰强？士卒孰练？赏罚孰明？吾以此知胜负矣。

将听吾计，用之必胜，留之；将不听吾计，用之必败，去之。

计利以听，乃为之势，以佐其外。势者，因利而制权也。

兵者，诡道也。故能而示之不能，用而示之不用，近而示之远，远而示之近。利而诱之，乱而取之，实而备之，强而避之，怒而挠之，卑而骄之，佚而劳之，亲而离之，攻其无备，出其不意。此兵家之胜，不可先传也。

夫未战而庙算胜者，得算多也；未战而庙算不胜者，得算少也。多算胜，少算不胜，而况于无算乎！吾以此观之，胜负见矣。

译文

孙子说：战争是国家的大事，关系到军队的生死，国家的存亡，不能不认真考察研究。

所以要经过五个方面的分析，去比较各项战争因素，以探索战争的形势：一是道，二是天，三是地，四是将，五是法。所谓“道”，就是民众与君王的同心同德，这样他们就可以为君主死，为君主生，而不畏惧危险；所谓“天”，就是指昼夜阴晴、寒冬酷暑、春夏秋冬等气候、季节方面的现象；所谓“地”，就是指路途的远近、地形的险阻平坦、地域的宽窄、死地与生地的利用；所谓“将”，就是指将帅的智谋、威信、仁慈、勇敢、严明五种素质；所谓“法”，就是指军队的组织编制、将吏的管理、军需的供应。凡属这五个方面的情况，将帅都不能不知道。了解和掌握这些情况的就能胜利，不了解这些情况的就不能胜利。因此要通过对敌我双方情况的比较来探索战争胜负的形势。即说，哪一方君主能够使民众与自己同心同德？哪一方将帅更有才能？哪一方占有天时地利？哪一方法令能贯彻执行？哪一方武器装备精良？哪一方兵卒训练有素？哪一方赏罚分明？我根据以上七个方面就可以判断谁胜谁负了。

如果将领听从我的计谋，作战一定胜利，我就可以留用他；如果不听从我的计谋，作战一定失败，我就不用他。

有利的计谋已被采纳，还要创造有利的态势，作为外在的辅助条件。所谓有利的态势，就是根据对自己有利的情况掌握作战的主动权。

用兵，是一种诡诈的行为。所以能打而装作不能打；要打而装作不要打；要向近处而装作向远处；要向远处而装作向近处；敌人贪利就引诱它；敌人混乱就攻取它；敌人力量充实就要防备它；敌人兵力强大就要避开它；敌人易怒就要用挑逗的方法激怒它；以谦卑之词骄纵敌人；敌人休整得好，就要使它劳累；敌人内部团结，就要离间它；在敌人毫无防备之时发动进攻，在敌人意料不到时采取行动。这是军事家用兵取胜的奥妙，是不能预先讲明的。

开战之前“庙算”能够取得胜利的，是因为胜利的条件充分；开战之前就预计不能取胜的，是因为胜利的条件不充分。“庙算”周密就能胜利，“庙算”疏漏就不能胜利，何况不做“庙算”呢？我们根据“五事”“七计”来进行观察，谁胜谁败就可见端倪。

名家注解

曹操曰：计者，选将、量敌、度地、料卒、远近、险易，计于庙堂也。

李筌曰：计者，兵之上也。《太一遁甲》先以计神加德宫，以断主客成败。故孙子论兵，亦以计为篇首。

杜牧曰：计算也。曰计算何事？曰：下之五事，所谓道、天、地、将、法也。于庙堂之上，先以彼我之五事计算优劣，然后定胜负。胜负既定，然后兴师动众。用兵之道，莫先此五事，故著为篇首耳。

王皙曰：计者，谓计主、将、天、地、法令、兵众、士卒、赏罚也。

张预曰：《管子》曰："计先定于内，而后兵出境。"故用兵之道，以计为首也。或曰："兵贵临敌制宜，曹公谓计于庙堂者，何也？"曰：将之贤愚、敌之强弱、地之远近、兵之众寡，安得不先计之？及乎两军相临，变动相应，则在于将之所裁，非可以隃度也。

（按：本篇篇题，《武经七书》本作"始计第一"。）

谋略精解

高明的军事家和战略家能够做到"运筹帷幄之中，决胜千里之外"。成功的关键在于事先的谋划分析，能够依据客观的实际情况制定出切实可行的战略战术。这就是孙子所说的"计"。《孙子兵法》把《计篇》作为十三篇之首，足以看出孙子对谋划的重视。

《孙子兵法》中是这样具体分析的：

首先，要求战争的决策者对发动战争要高度重视，慎重对待。"兵者，国之大事，死生之地，存亡之道，不可不察也。"务必要认真研究谋划，然后再决定是否应当用兵，这就是孙子"慎战"的主张。

其次，先后列举出"五事""七计"，作为考察评判战争胜负的基本标准。"五事"，即"一曰道，二曰天，三曰地，四曰将，五曰法"。从政治到自然气象和地理环境，再到将帅、军队法制，其中既有主观因素，也有客观因素；既包含上层建筑，又包含物质基础。"七计"，即"主孰有道？将孰有能？天地孰得？法令孰行？兵众孰强？士卒孰练？赏罚孰明？"，这是对"五事"的深入分析和具体落实。“五事”“七计”基本上包含了战争的全部关键因素，据此可以判断战争的胜负，可以对战争做预先谋划。

再次，阐述用兵必须掌握的基本法则，即“因利而制权”和行“诡道”。依据有利于己方的原则，根据具体情况采取灵活机动的策略，去掌握战争主动权，用诡谲之术迷惑敌人，麻痹敌人，削弱敌人兵力，打击敌人士气，从而增加自己获胜的筹码。然后“攻其无备，出其不意”，向敌人发起突然攻击，打败敌人。这里，孙子提出了“诡道十二法”，其着眼点是“因利制权”。为了达到“攻其无备，出其不意”的目的，采取灵活的计策，当然这是在“慎战”前提下的战术运用，表现出了很大的灵活性。

最后，孙子特别强调了战争前周密策划对战争的决定作用。上面讲的“慎战”“五事”“七计”的考察，“诡道十二法”“出奇制胜”的战略战术运用，都可以说是“庙算”的具体内容。这也是《孙子兵法》全书的总纲。十三篇的全部内容，从根本上说，是对战争诸因素的通盘考虑和谋划算计。

将者，智、信、仁、勇、严也。

兵家活用

选将执法内容在《孙子兵法》中十分丰富，它是治国、治军的关键。历史证明，军事战略虽然从属于政治、自然及社会物质基础，然而操纵战争、导演战争、决策战争方略，最终由人执行。

孙子选择将帅，重智、信、仁、勇、严五德，具备五德方可为将。何谓“智”？第一是高瞻远瞩，从人类生存的大视野来把握战争的发展趋势；第二是清醒而准确的判断力，以驾驭现实各种因素；第三为当机立断的决策力，尤其是孙子十分重视国家决策的“庙算”，战前在庙堂集合，将帅共谋大计，以预测战争胜负。何谓“信”？即将帅个人威信，将帅的威信产生于仁爱、勇敢、严毅。何谓“仁”？“孝、悌、信、爱”是仁德的广义含义，而仁德的将帅必然爱兵，用爱训练队伍，管理军队，激发士兵的忠勇精神。何谓“勇”？勇是将帅人格精神的集中体现；不过，将帅之勇不是“一夫之勇”，而是“万夫不当之勇”，是勇与谋的统一。何谓“严”？即将帅凛然不可犯的气度，是号令严正、令出即行的纲纪。将帅五德是孙子治军思想中人才学说的集中体现。

在五德方面，东晋著名的军事将领祖逖值得赞赏。祖逖因平定黄河南北纷乱，率兵北伐立下战功，被封为镇西将军。在南征北战期间，祖逖对部下亲如兄弟，“其有微功，赏不逾日”。祖逖生活十分俭朴，并和士卒一起参加生产，外出打柴，解决军需不足的问题，振兴中原经济。他还十分体贴处在拉锯战中的人民和坞堡组织。当时散布在黄河南岸的还有许多势力弱小的坞堡组织。由于常常受到羯人首领石勒的侵犯，不能自持，许多坞主的子弟被送到襄国做人质。祖逖来到后，这些人顾虑重重，不敢与之接近，怕石勒报复。祖逖知道后，立即宣布：凡儿子在襄国者“皆听两属”，即准许其在归属晋军后，表面上仍然附属于石勒。祖逖还经常派出小分队佯攻这些坞堡组织，让石勒知道他们没归顺晋军。这样，坞堡组织解除了顾虑，开始帮助祖逖。石勒稍有什么动静，他们便向祖逖报告，使祖逖打了许多胜仗。祖逖对战俘也采取优待办法。一次他的巡逻兵抓获了一个石勒辖区的人，他亲令款待，给他讲明道理，然后放回，此人回去后，到处讲祖逖的好处，并率乡里五百家投奔祖逖。祖逖对那些死于战乱的百姓加倍重视，发现后，即命令部属予以掩埋，并为之焚香祭奠。

许多百姓尤其是老人十分感动，有的置酒开会，流着眼泪说：“吾等老矣！更得父母，死将何恨！”当时百姓中流传一首歌谣：“幸哉遗黎免俘虏，三辰既朗遇慈父。玄酒忘劳甘瓠脯，何以咏思歌且舞。”可见人民对祖逖的感激之情。

由于祖逖深得人心，力量不断扩大，石勒对他逐渐害怕起来。尤其是石勒正与东晋幽州刺史段匹磾激战于厌次（今山东陵县），无力南顾，又怕祖逖北上抄其后路，便主动讨好祖逖，亲自派人“下幽州为逖修祖、父墓，置守冢二家”。又致书祖逖，“求通使及互市”。祖军逃到襄国的降卒，石勒不但不接纳，反而斩其首级献与祖逖。祖逖巧妙地利用了石勒的和好政策，乘机休养生息，整训军队，发展民间贸易，使黄河以南“收利十倍，于是公私丰赡，士马日滋”，经济迅速得到发展，为大举北伐打下了良好的基础。

处世活用

孙子的“将帅五德”强调了三点：以“智”为上的指挥才能；以“信”“严”为本的管理本领；以“仁”“勇”为核心的带兵作风。将孙子的“将帅五德”应用到领导者的个人处世方面，就是要求领导者积极修炼内功。

如果想当一名好的领导者，需要具备以下特征：

要有超越别人的欲望。领导从不满足于屈居第二位，他们总想拔尖。他们都是主动性很强的人，总在尽力使自己获得成功。

要有责任感。领导从来不怕承担义务、承担责任，并永远不推卸所负的任何责任。

要有工作能力。出色的领导人总是愿意为取得领导的成功而付出必要的代价——长时间和艰苦的工作。

要有着良好的人际关系。领导总要与同事打交道，研究他们，分析他们的需求，并努力去了解他们的问题。这种发现同事需求的兴趣和能力，大概是一名出色的领导人最为主要的特点。

要有富于感染力的激情。没有人愿意追随一个枯燥的、死气沉沉的领导人。

要有高度的正义感。成功的领导人对自己和追随者都必须诚实。靠不住的人很少能成功地担任领导工作。作为出色的主管人，要想赢得信赖就必须公正地对待所有员工，不能任人唯亲。员工信任的领导人应该明确地表明自己的意图，对事实不采取骑墙态度，对摆脱尴尬局面不是反复地折腾，不说模棱两可的话。因此，领导者应该努力做到开诚布公、公正和光明正大。

计利以听，乃为之势，以佐其外。势者，因利而制权也。

兵家活用

扬长避短，趋利避害，是“因利制权”的核心内容，忽视了这一点，就难以做到“因利制权”。常言道，“尺有所短，寸有所长”。战争充满了辩证法，既没有绝对的强，也没有纯粹的弱，强与弱都只能是相对而言的。战争中再强大的军队也会有其不足的地方，再弱小的军队，只要指挥得法，也会有不凡之举。

所以，一个聪明的指挥员就非常重视分析敌我双方的优劣、长短，合于利则动，无利则止。动则充分发挥自己的长处和优势，猛击对方的短处和不足，从而使自己立于不败之地。

楚汉战争之初，刘邦出师不利，大将韩信勇于献策，刘邦果断地采取了他的计策，最终扭转了战争的局势。这正应了孙子所说的“计利以听”，也就是韩信的有利计策在刘邦的军事行动中得到了有效执行。这是楚汉战争刘邦获胜的一个重要原因。另外对韩信来讲，他在灭掉赵国之后，本来按原计划要出师燕国，东向攻齐，但赵国谋士李左车的建议却让他不费一兵一卒，轻而易举就说服了燕、齐，使之归顺。韩信听从赵国谋士李左车的建议，同样也验证了孙子所说的“计利以听”。

对于谋士李左车来讲，他在效命韩信之初并没有对韩信原来的军事计划极力推崇，而是根据当时所处的军事形势，灵活多变，制定了一个更为科学合理的军事策略，为汉军营造了一个极为有利的军事态势，从而轻而易举地使燕、齐归顺。这就是“势者，因利而制权也”。

处世活用

每个人只有找准自己最擅长的事，才能最大限度地发挥自己的潜力，调动一切可以调动的积极因素，并把自己的优势发挥得淋漓尽致，从而获得成功。

一个人充分地估测自己，给自己找准位置，真诚地估计自己能做的和应该做的事，就有可能成为自己所希望成为的那种人。许多杰出人士的经历说明：假如你不仅知道自己能干什么，而且知道自己不能干什么，在充分发挥才能优势的基础上，在扬长避短的前提下选择你的起点、着力点和努力方向，你就能少走弯路。

乔·吉拉德于1928年出生在美国的一处贫民窟，他从懂事起就开始擦皮鞋、卖报，然后又做过洗碗工、送货员、电炉装配工和住宅建筑承包商等。但由于没有找到最适合做的事，他一直没有取得成功。朋友都弃他而去，他还欠了一身的外债，连妻子、孩子的吃喝都成了问题。为了养家糊口，他开始卖汽车，步入推销生涯。

乔·吉拉德以极大的专注和热情投入到推销工作中，只要碰到人，他就把名片递过去，不管是在街上还是在商店里，他抓住一切机会，推销他的产品，同时也推销他自己。三年以后，他成为全世界最伟大的销售员。谁也没想到，这样一个不被看好，而且还背了一身债务、几乎走投无路的人，竟然能够在短短的三年内被吉尼斯世界纪录称为“世界上最伟大推销员”。他至今还保持着销售昂贵产品的空前纪录——平均每天卖六辆汽车！他一直被欧美商界称为“能向任何人推销出任何商品”的传奇人物。

乔·吉拉德做过很多种工作，屡遭失败。最后他把自己定位在做一名销售员，终于获得了成功。成功的最直接、最实用的方法就是做自己最擅长的事，否则，就将在众多人的参考意见中无所适从，找不到自己的方向。

兵者，诡道也。故能而示之不能，用而示之不用，近而示之远，远而示之近。

兵家活用

曹操在濮阳的战役中，一直没能取得胜利，于是攻城心切，率军强攻硬打。当时辅佐吕布的一位谋士见此情形对吕布说：“曹操现在正苦于无计攻城，我们可以利用他这种急功近利的心理，使用抛砖引玉之计诱他入城，中我埋伏。我城内有一户姓田的富豪，在这附近比较有名望，如果令他作为内应，曹操必定不会怀疑。”吕布一听，便开始依此计行动起来。

这天，曹操在营中正为无计破城而急躁不安时，突然由城里传来一封密书。书中说：“吕布残暴不仁，民心大怨。现在他已带兵去黎阳，城内只有高沛守城。如连夜起兵攻城，我可以内应。

以城上插白旗，大书‘义’字为号。”曹操便令军队在门外候伏，将近三更，果见该门打开。曹操率先带兵冲入城中，一直冲到州衙，也没有见到一个人，这时，曹操方知中计。急下令退兵，却见四面城门已被烈焰封锁。曹操东撞西碰，寻不到退路，后来在大将典韦的掩护下，才冒火拼死冲出城外，逃过一劫。

兵需用诈，兵不厌诈。吕布利用曹操攻城心切的心理，制造假象诱骗对方，迷惑敌人，从而给对方造成错觉，创造对自己有利的军事条件，以较小的代价夺取了较大的胜利。

处世活用

在处世上，适当“藏锋露拙，隐强示弱”可以减少乃至消除不满或嫉妒，让别人减少防范，而达到自己的目的。

“能而示之不能”的表现形式多种多样。有的表示没有作为，有的表示没有追求，有的表示没有进取，使对手失去竞争的威胁感而自己则养精蓄锐，等待时机，反客为主，击败对手。例如，春秋时期吴国名将伍子胥的朋友要离，就是一个善用“能而示之不能”的高手。要离身材瘦小，每次他和别人比剑时，他总是先取守势，等对方发起进攻，眼看剑锋快挨着他身子时，他灵巧一避，躲开敌方的剑锋，等待对方放松防范时突然进攻，刺中对手。因此，他成了当时无敌的击剑高手。伍子胥向他请教取胜秘诀，要离说：“我临敌先示之以不能，以骄其志；我再示之以可乘之利，以贪其心。待其急切出击而空其守，我则乘虚而突然进击。”要离“能而示之不能”，以“不能”的假象掩盖“能”的实质，最终取得了“能”。

有的人聪明反而装作糊涂，假痴不癫甚至有意使对方看不起自己。譬如，刘备被困在曹营，整天在后院里种菜，曹操煮酒论英雄，想试探刘备的志向，刘备则“巧借闻雷来掩饰”，蒙混过关。蔡锷为掩饰自己报国的志向，故意装作迷恋酒色、无所作为，最后在小凤仙的掩护下逃出牢笼，这些都是对“能而示之不能”的运用发挥。

攻其无备，出其不意。此兵家之胜，不可先传也。

兵家活用

秦始皇平定了韩、赵、魏，又屡次打败了楚国的军队，燕王也败逃了。秦将李信，年轻勇猛，曾经以数千人追击燕太子丹于衍水中，最后破燕军，虏获太子丹。秦始皇认为李信贤明又勇敢，问他：“我想攻取楚国，依你策划要多少人马？”李信说：“只要20万人。”秦始皇又问王翦，王翦说：“非得60万不可。”秦始皇说：“王将军老了吧，为何这么胆怯？我相信李将军的话是对的。”于是派李信及蒙恬领兵20万南伐楚国。王翦见自己的话不为秦王所用，就托病辞官，归于频阳养老。

李信攻平舆，蒙恬攻寝丘，大破楚军。李信又攻陷鄢、郢，于是领兵向西，计划与蒙恬会师于城父。楚军趁机尾随着秦军，紧跟了三天三夜，最后大破李信的军队，攻入两个壁垒，杀了七个都尉，秦兵大败。

秦始皇知道这消息后忙驰马前往频阳，见王翦，谢罪说：“寡人不用将军的计谋，终使秦兵受到了侮辱。如今听说楚兵逐日西进，将军虽有病，能忍心背弃寡人吗？”王翦推辞，秦始皇说：“好了，将军别再推辞了。”王翦说：“大王迫不得已要用臣，非给我60万大兵不可。”秦始皇说：“一切依照将军的部署。”于是王翦领兵60万出发，秦始皇亲自送到灞上。王翦临行前请求赐给他极多的良田、屋宅、园池，秦始皇说：“将军已出兵，为什么要忧愁贫穷呢？”王翦说：“身为大王将领，建树功勋却终不能封侯，所以趁大王现在信任我，臣要及时求赐园地以作为子孙的产业。”秦始皇大笑。王翦的军队到了关口后，又曾五度派使者回朝廷请求赐给良田。有人说：“将军的请求，太过分了吧！”王翦说：“不是的。秦王待人粗暴又不信任，如今倾尽全国武装士兵，全数交付我，我不多请田宅作为子孙基业稳固自家，难道让秦王对我心存疑虑吗？”

王翦大军到达后，坚筑壁垒防守，不肯出战。楚兵屡次前来挑战，秦兵始终不出。王翦天天要士兵休息沐浴，并改善伙食以抚慰军队，并与士兵们一同饮食。一段时日后，王翦派人探听军中玩什么游戏。底下回答说：“正在进行投掷重石与跳远的比赛。”于是王翦说：“士兵可以出战了。”

楚军数次挑战而秦兵却不应战，于是楚将领兵向东撤退，王翦趁机派军队追击，追至蕲南，斩杀楚国的将军项燕，楚兵大败而逃，秦军乘胜平定了楚地城邑。经一年多，俘虏了楚王负刍，把楚地改为郡县。接着南征百越，王翦的儿子王贲与李信平定了燕国、齐国的领地。王翦以能示之不能，故意不出兵迎战，等到楚军防备松懈时，便来个“出其不意，攻其不备”，真不愧是用兵的高手！

处世活用

“出其不意，攻其不备”是孙子“权诈之兵”的精华部分。

在生活的舞台上，我们要战胜对手，同样需要选择对方意想不到的地方，实施进攻，以达到出奇制胜的目的。

故事一：

美国律师赫梅尔曾在一起赔偿案中代表某保险公司出庭辩护。

开庭审判中原告声称，我的肩膀被掉下来的升降机轴砸伤，如今右臂仍抬不起来，并十分艰难地把右臂举到齐耳的高度，以示再也举不上去了。

“那么，你在受伤前能举多高呢？”

赫梅尔刚问完，原告不由自主地把右臂举过了头顶。在座的人顿时哄堂大笑。原告的谎言被彻底揭穿了。

赫梅尔律师就是以右臂能举多高的提问转移原告的注意力，出其不意，迅速攻破了对方的心理防线。

故事二：

从前，放高利贷者王古士借了2000银币给王利财，两人立了一张借据。

不久，王古士发现借据不见了，心里十分焦急，怕到期后王利财不认账。

经过冥思苦想，他终于想到一个办法。

王古士给王利财写信，信中写道：我最近手头紧，请将借去的2500银币归还。

过了几天，王古士得到王利财的回信。信中申明自己只欠2000银币，而不是2500银币。

这样，王古士又得到了借钱的证据。

人的注意力具有指向性，当一个人全神贯注对待某一事物时，会忽略其他事物。这时就有可能被对方“攻其无备”。先制造假象，混淆视听，使其注意力集中到其他地方，然后向其毫无准备的空隙进行突袭，大获全胜。

夫未战而庙算胜者，得算多也；未战而庙算不胜者，得算少也。多算胜，少算不胜，而况于无算乎！

兵家活用

战场上的胜利，常常属于胆大心细、谨慎用兵的指挥员，而关键之处，就是要求将领有神机妙算的本领。妙算，在《孙子兵法》中作“庙算”，原指古时候用兵前在庙堂里举行一定的仪式，谋划作战大计，预测战争胜负，因此它的引申义为策划和谋划，一旦战争来临，或攻或守，或进或退，敌情、己情，有利条件、不利因素，使用多少兵力、怎样部署，把握什么时机，采取什么方略、达到什么程度、达到什么样的目的，以及作战中可能会出现的意外情况，等等，都要进行“庙算”。

自有战争以来，作战双方总要进行一定的“庙算”。只不过有算得多与少、正与误、自觉与不自觉之分，以及将帅亲自去算或是让军师、参谋、智囊团来算，在“战车”“马背”上算或是在作战室、参谋部、大本营里算之别。在军事决策中，谁来运筹、用什么方法运筹、在哪里运筹等手段和途径方面的问题，受到社会生产力发展水平的限制，是随着战争的发展和作战方式的变革而发展变化的。但是，算得周密与不周密、正确与错误、自觉与不自觉，却是衡量一个军事指挥员思维能力优劣的主要标志。因为虽说战争之胜负取决于政治、经济、军事、自然诸因素，但仅有这些因素是不够的，还必须通过指挥员的主观努力，对这些因素综合思索，进而做出科学决策。在一定的物质条件下，决策得当，战之即胜，决策失误，败之无疑。

积极主动地搞好“庙算”，是对指挥员的根本要求。无论从战略、战术还是战斗角度而言，都应高度重视“庙算”的作用。

对于弱者一方，在强敌面前需要“庙算”，而且在“庙算”中要从最困难处着眼，充分估计战争过程中可能会出现的情况，从而制定出包括失败后如何行动在内的多种应变方案，预备多种手段，以争取把握应变的主动权。只有真正从思想上注重庙算，才能为夺取战争的胜利果实创造必不可少的前提条件。

三国时，魏国的辽东太守公孙渊，于明帝景初元年（公元237年），设置百官，自立为燕王，与曹魏分庭抗礼。景初二年春，魏明帝曹叡令司马懿领兵讨伐公孙渊。司马懿整装待发时，明帝问他如何打败公孙渊。司马懿回答说：“如果公孙渊明辨形势，就会断然割弃眼前利益，弃城出走，以此拖延时日，疲惫我军，待机而战，这是上策。可是公孙渊智浅寡断，上策难用。他必然会认为我军孤军深入，难以持久，定会依托辽河据守，一旦接战不利就会退守襄平，这是下策。我军定能在襄平打败他。”曹叡听后，赞叹道：“看来讨伐公孙渊之战，都在将军心中了。”于是司马懿根据自己的“庙算”进行了充分的准备，率军渡过黄河，穿越华北平原，直捣公孙渊老巢。结果，此次战役，确如司马懿所算的那样进行，叛军大败，公孙渊被斩。司马懿能够决胜千里，在于他能够正确地分析敌我形势，在“庙算”上棋高一着。

处世活用

高明的战略家和指挥官，能够“运筹帷幄之中，决胜千里之外”。其成功的关键就是“庙算”，即事先的谋划筹措、分析研究，从而根据具体的客观现实制定切实可行、行之有效的战略战术。在人生之中，也是如此。

成功人士通常具有战略眼光，即使他们在决定眼下需要的改革时也是如此。尽管他们的许多见解是以目标、质量或价值为导向的，但他们会把注意力集中在“下一个问题是”，这种想法无疑为他们明确未来目标提供了催化剂。

有一个古老的故事，讲的是三位砌砖工人的工作态度。

有人问：“你们是在砌砖吗？”

第一位工人爽快地答道：“对，砌砖。”

第二位工人也跟着说：“对，我们是在砌砖。我们在做每小时10美元的工作。”

第三位工人则摇了摇头，说：“你问我在砌砖吗？不。我在建造世界上最伟大的教堂。”

虽然这个故事没有告诉我们三位工人的未来，但我们能知道在以后的岁月里，他们会有不同的结果。很可能，前面两位工人仍是砌砖工，他们缺乏远见，只是为工作而工作，并没有什么动力推动他们去取得更大的成功。

但可以推测的是，那位认为自己是在建造伟大教堂的工人，不会仍然是砌砖工，也许他已经成为一个工头或承包人，或者是一位建筑师。他会因为他的远见卓识而得到提升。

要想成功就必须把眼光放远。成功和失败不是一夜造成的，而是一步一步积累的结果。决定给自己制定更高的追求目标、决定掌握自我而不受制于环境、决定把眼光放远、决定采取何种行动、决定继续坚持下去，这种种决定做得好便会成功，做得不好便会失败。

作战篇

兵贵神速，旷日持久的战争是要付出巨大的物资代价的，会牵制住国家的全面发展。远军作战会使国家因为用兵而穷。

“取用于国，因粮于敌”主张利用对方的资源和力量来达到我们的目的，用缴获的物资来补充壮大自己，只有这样，才能保存自己的实力，迅速克敌制胜。

原文

孙子曰：凡用兵之法，驰车千驷，革车千乘，带甲十万，千里馈粮。则内外之费，宾客之用，胶漆之材，车甲之奉，日费千金，然后十万之师举矣。

其用战也胜，久则钝兵挫锐，攻城则力屈，久暴师则国用不足。夫钝兵挫锐，屈力殚货，则诸侯乘其弊而起，虽有智者，不能善其后矣。故兵闻拙速，未睹巧之久也。夫兵久而国利者，未之有也。故不尽知用兵之害者，则不能尽知用兵之利也。善用兵者，役不再籍，粮不三载。取用于国，因粮于敌，故军食可足也。

国之贫于师者远输，远输则百姓贫；近于师者贵卖，贵卖则百姓财竭，财竭则急于丘役。力屈、财殚，中原内虚于家。百姓之费，十去其七；公家之费，破车罢马，甲胄矢弩，戟楯蔽橹，丘牛大车，十去其六。

故智将务食于敌，食敌一钟，当吾二十钟；萁秆一石，当吾二十石。

故杀敌者，怒也；取敌之利者，货也。故车战，得车十乘已上，赏其先得者，而更其旌旗，车杂而乘之，卒善而养之，是谓胜敌而益强。

故兵贵胜，不贵久。故知兵之将，生民之司命，国家安危之主也。

译文

孙子说：兴师出战，动用轻型战车千辆，重型兵车千辆，军队十万，还要千里运粮。那么前方后方的费用，招待外交使节的用度，物资的供应，车辆盔甲的保养补充，每天要耗费大量开支，然后十万军队才能出动。

用兵作战，若靠旷日持久取得胜利，就会使武器装备耗损，部队锐气受挫，攻城就会使战斗力耗尽。军队长期在外作战，就会使国家的财政承受很重的负担。武器耗损，军队疲惫，军事实力耗尽，国家经济枯竭，那么诸侯列国就会乘此危机发起进攻，到那时，即使有智谋高超的人，也无法挽回危局了。所以用兵作战，只听说指挥虽拙但求速胜，而没有见过为讲究指挥工巧而求持久的。战争久拖不决而对国家有利的情形是没有的。所以不完全了解用兵有害的人，就不能完全了解用兵的有利方面。善于用兵的人，兵员不再次征集，粮草不多次运输，武器装备自国内取用，粮食饲料在敌国补充，这样，军队的粮草供应就充足了。

国家之所以会因为用兵而贫穷，就是由于远道运输。远道运输，百姓就会贫穷。靠近军队集结的地方，物价就会上涨，物价上涨，就会使百姓财富枯竭，财物枯竭就要急于增加赋役。军力耗尽，财富枯竭，国内家家空虚。百姓的财产要耗去十分之七；国家的资财，也由于车辆损坏，马匹疲病，盔甲、箭弩、戟盾、蔽橹以及辎重车辆的征集、补充而损失十分之六。

所以，明智的将帅务求取粮于敌国，消耗敌国粮食一钟，相当于从本国运送二十钟；动用敌国草料一石，相当于从本国运送二十石。

要使军队勇敢杀敌，就要激励部队的士气；要使军队夺取敌人的物资，就要用财物作奖励。在车战中，凡缴获战车十辆以上的，就奖励首先夺得战车的人，并把敌人的旗帜换成我军的旗帜，把缴获的战车与我军的战车混合编组，对俘虏的兵卒要优待他们，使他们能为我军所用。这就是所谓愈战胜敌人就愈是增强自己。

因此，用兵最重要的是速胜，不宜旷日持久。因此，深知作战的将帅，是民众命运的掌握者，是国家安危的主宰者。

名家注解

曹操曰：欲战必先算其费，务因粮于敌也。

李筌曰：先定计，然后修战具，是以《战》次《计》之篇也。

王晳曰：计以知胜，然后兴战而具军费，犹不可以久也。

张预曰：计算已定，然后完车马，利器械，运粮草，约费用，以作战备，故次《计》。

谋略精解

“作”，有“制造”“兴起”的意思。“作战”在这里并非指一般意义上的战争，而是说为战争做的准备，指战争开始之前的筹划发动，当属于“未战而庙算”的范畴。

本篇继《计篇》而来，在“慎战论”的指导下，分析战争对经济的依赖关系及其破坏力（“用兵之害”），从而提出了著名的“速战论”思想（“兵贵胜，不贵久”），力求在敌国就地解决给养（“因粮于敌”）的战略原则和以战养战（“胜敌而益强”）的具体方法。在逻辑思路上是《计篇》“五事”“七计”的延续扩展，但考察分析的重点转移到经济领域，是孙子朴素唯物论精神的具体体现。

战争，在某种程度上是敌对政治集团之间经济实力的较量。当今世界上，美国与以其为首的“北约”军事集团，对“不听话”的国家和政治力量，动辄便以武力相威胁，施以“军事打击”，一个重要的原因就是他们有着雄厚的经济实力做后盾，拿得出也花得起支撑现代化战争的昂贵军费。

孙子在 2500 多年前已经清醒地认识到了这一点。在孙子看来，发动战争（或被迫参与战争）都是为了谋求（或维护）一定的利益，通过战争而扩充疆土、巩固政权、占有资源、掳掠财物，或者争得有利地位、掌握主动权等，是有利可图的。战争势必会造成人员的伤亡、财力的消耗，必然破坏经济，久战不决更会增加赋役，影响人民的正常生产和生活，最终导致国力枯竭、人民贫困，国家将难以为继。同时，持久用兵造成的不利局面，将为别的诸侯国提供乘虚而入的机会，到那时，局面就很难收拾了。因此，用兵者仅仅看到战争的好处是不够的，更应该十分清醒地认识到战争的害处，并将不利程度降到最低，从而使战争的益处大大增加。要达到“增利减害”的目的，关键是争取速战速胜，而不宜久拖不决。孙子对战争利害的认识，闪耀着朴素的辩证法的思想光辉，“速胜论”体现了孙子务实重利的朴素唯物论的思想特点。

取用于国，因粮于敌。

兵家活用

很多人似乎很难从历史中得到经验，也很难从经验中得到教训。东晋时期，野心勃勃却又刚愎自用的桓温，就是典型的例子。

东晋穆帝永和十年（公元 354 年）二月，桓温展开筹划已久的北伐行动，率四万人攻打前秦帝国。起初，晋军的攻势猛锐，战无不克，一度攻至前秦首都长安以东的坝上，但随后秦军精锐尽出，晋军战亡者多达上万人。

晋军的败因，倒不是秦军的强大，而是后勤不继的弱点被敌人洞悉。前秦采取坚壁清野的狠招，使晋军无麦可收割，又无粮食补给的途径，士兵的生存问题无法解决，不得不退兵，北伐大业功败垂成。

废帝太和四年（公元 369 年）四月，桓温为了展现个人的雄风大志，再度亲率步骑兵五万人北伐，从兖州北上，攻打建都邺城的前燕帝国。桓温的参谋官郗超，发现这条路线的问题不小，不但路途遥远，而且作为水路运输的浑水有淤浅现象，届时恐怕为补给所扰，便提出了异议。

可惜，这番忠告未获桓温重视。同年六月，大军推进到金乡（今山东省济宁市）时，天旱不雨，河床干枯，水运完全不通，桓温下令挖掘运河三百里，使当地的浑水和清水相会，桓温随即率船队，企图自清水入黄河。船只前后绵延好几百里。郗超又在此时泼桓温冷水，他的理由是："从清水入黄河，水运不便，万一敌军拒不出战，而我们的补给线断绝，又无法顺利地因粮于敌，这是极为危险的事。"郗超在此又提出后勤的重要性，为突破补给的限制，他的策略是：第一，直扑前燕首都邺城。前燕的可能反应有三，一是不战而逃，二是出战，此两者皆为晋军所乐见。对晋军最不利的是另一种情况——前燕紧守邺城。但盛夏之际，粮草供应等问题不大，且长期下来，附近百姓都会前来归附，对晋军有利无弊。第二，驻兵黄河、济水一带，控制水上运输，待物资储备充足后，到次年夏天再出击。

这两种计策，前者较为激进，后者则较为保守。桓温只要二选一，或加强后勤，或速战速决，都可解决因后勤而产生的后继无力等现象。而令郗超百思不解的是，桓温根本不采纳任何一种建议，尽管郗超特别忠告："如果这种谋略都不用却挥师北上，既不能速战速决，又会缺粮缺得早，我军衣服无以取暖，届时所缺的，恐怕不只是食物而已。"桓温却不以为意。晋军在攻势发起之初，所向披靡。前燕帝国皇帝甚至打算弃城逃亡。不久，前燕官员发现一个奇怪的现象——桓温军力强大，部队训练有素，大可顺着河流向前猛攻，他却未这么做，仿佛不求胜利似的。前燕的司徒左长史申胤判断说："桓温目前气势如虹，看似大有可为，不过在我看来，成功的机会微乎其微。怎么说呢？晋王室衰弱，而桓温专制王权，朝廷上下未必和他同一条心，一定不愿意见到他立功回来，也许会从中作梗。这是桓温不足惧的第一个理由。再者，桓温仗着兵多将广，态度骄傲，应变力差，率大军深入敌境，有相当好的进攻机会，却不知好好利用，反而在河岸徘徊不前，想要和我军打持久战，等待全面的胜利。一旦粮食接运不继，必定不战自败，这是必然的趋势。"

时过不久，起初威风八面的晋军，果然开始面临难题了。桓温企图开凿、修筑运河失败，粮食又被切断，军事攻势也遭到了燕军的强大反击，前秦帝国的援军随时会赶来助战。桓温眼看大势已去，下令烧毁船只，抛弃辎重和铠甲武器，从陆路往南奔逃。

前燕将士争着追杀晋军，领军的慕容垂却不这么想。他虽然也希望彻底歼灭晋军，但他认为晋军在撤退之初，内心惶恐，必然战战兢兢，派出精锐部队断后，此时追击，必遭到强力反抗，讨不到便宜。此时宜让晋军安心逃亡，当晋军发现后无追兵时，就会松懈戒心，专心地日夜赶路，几天下来，晋军就会精疲力竭，此时出击，必可大胜。

一切果真如慕容垂所料，桓温拼命撤退，慕容垂带领八千名骑兵偷偷跟在后面，几天之后，和另一名将领慕容德夹攻晋军，数万名晋军将士被斩首，桓温的北伐大业，再一次栽在后勤补给上。

处世活用

一位成功的企业家经常打探和挖掘别人的技术、人才和门路来扩张自己的事业，他在透露他成功的秘诀时说：我们经常听到人们提倡创新，却从来没有人提起模仿其实也十分重要。事实上，成功者处事行为的95%以上，都是模仿别人得来的。我们民族重视了几千年的学习，其实就是一种模仿。没有模仿，根本不可能创新。

走一条没有人走过的新路，总比走别人已经走过的旧路要慢。因为，走新的路，通常要遇到更多的障碍，面对更大的风险。看清楚眼前要走的路，特别是留意别人怎样走同样的路，一定有让你收获不小的地方，它让你避免重复别人已经走过的弯路；另外有一些路，很值得你跟着别人一起走，这会让你成功的机会更大，就像大雁互相依靠着飞行一样。

尽量从那些成功人士身上挖掘使自己也能成功的东西。那些成功人士能够成功，肯定有其原因和方法。我们可以研究：成功者为什么成功？如何成功？他有什么想法跟别人不一样？他有什么伟大目标？他到底如何计划？他成功的策略又是什么？等等。

当你失败时，迷惑时，受挫折时，不妨转换忧伤的心思，想想那些成功人士，他们如处于似你这般境遇，又会如何行动？

“如果看到一个优秀的人，就要挖掘他的优秀品质，把它应用到你自己身上。”乔·吉拉德，世界上最伟大的推销员这样说。

比尔·盖茨是怎么取得如此骄人的成就的呢？原因除了他的天赋和智慧以及一些客观因素之外，还有很重要的一条：他模仿洛克菲勒、摩根和其他金融巨子。他留意那些人的一举一动，研究他们的信念，借鉴他们的做法，才获得成功。

借他人的经验为我所用，既少走了弯路，还能快速提升自己，达到自己的目标。

杀敌者，怒也。

兵家活用

这里所说的“杀敌者，怒也”，是通过一种“激将”的方法来激发群体的潜能。高明的将领善于鼓舞士气，他们总能激发部队对敌人的仇恨，使大家同仇敌忾，在战场上勇往直前。

东汉桓帝时，长沙、零陵一带兴起兵患。朝廷派兵镇压后，大部平息，剩下卜阳、潘鸿等少数为首者潜入深山，还时不时外出打家劫舍。荆州刺史度尚奉命征伐。他先是招募本地少数民族武装进山讨伐，弄得卜、潘一伙不敢出来。接着，度尚放风说：“卜、潘二贼为多年惯匪，能守能战，现在据险顽抗。我军现已疲劳，只有调集各地兵马共剿，方可成功。援兵到来之前，我军可养精蓄锐，但不可懈怠，须边休息边习武。援兵一到，我等将与大军会合，如猛虎下山，一举歼之。”

度尚手下将士无不喜笑颜开，每天游猎休息，既养精神，又可四处游玩。一天，将士外出营内无人时，度尚秘密派人到营内烧了一把火，把营帐全部烧光。

天黑之前，将士们回来一看，个个都惊呆了，有些平日有些私蓄的这时都哭丧着脸。正在此时，度尚来了。他见状故意捶胸顿足地号啕大哭起来：“可恶的贼人，竟敢如此大胆，是本官一时疏漏，让贼匪钻了空子，不过，没有白流的血，弟兄们的损失定要叫贼匪加倍偿还！”大伙的怒火被度尚点燃起来，一个个无不咬牙切齿。度尚见状，又火上浇油：“这伙贼子所抢的钱财，几代人也用不完，光金银珠宝就多得如山一样，我等兄弟只要奋力一战，定可全数缴获。如果打败他们，弟兄们这点损失就根本不在话下了。”大家都说愿听度尚调遣。

第二天黎明时分，将士们就怀着一腔怒火出发了。这边，卜、潘一伙也听到了度尚放出的风，以为援兵未到，正放松警惕，毫无戒备。突然，官军们冲杀上来，卜、潘一伙只有招架之功，毫无还手之力，这伙小股武装很快被歼灭了。卜、潘两个为首者被乱刀砍死。

略用小计，烧毁营地，激励将士以大智大勇奋力杀敌。度尚这个“激将”智谋用得恰到好处。它看起来是一种冒险，但冒险之中蕴含着合理性，可以起到意想不到的效果。

处世活用

树怕剥皮，人怕激气。许多事情可以凭借“激”而办成。

求人办事，在方法上绝不可死套一个模式，应该随着办事的对象及其思想的变化而变化。有些方法，不一定适合于所有的人和事，对有些人，只要动之以情，晓之以理，以诚相待，就能打动他；但在同样情况下，另外一些人可能“敬酒不吃吃罚酒”，但若改变策略，突然给对方一个强烈的反刺激，用超常的手段去激励对方，说不定会“柳暗花明又一村”。

张仪因久不得志，穷困潦倒，一日到苏秦府上拜见苏秦。几天后，苏秦才出来见他，并只让他坐在家仆们坐的堂下，仅赐给他仆妾们吃的饭食，而且还几次故意责备张仪，说他穷酸，不想和他打交道。张仪听后气愤不已，离开了苏秦，前往秦国。

在张仪去秦国的途中，有一个素不相识的人与他结伴同行，并送给他许多金钱。张仪到达秦国后，依靠陌生人资助的钱财得以拜见了秦惠王，并很快被秦惠王拜为客卿。这时，那位同伴向张仪告辞，张仪问其缘由，那人说：“我并不了解你，真正了解和关心你的是苏君（即苏秦）。他当时担心秦国伐赵而使合纵抗秦的计划破产，认为只有你才有能力去左右秦国的国策，所以他当时用语言刺激你，使你来到秦国。而后又私下派我跟着并接近你，送你钱财。现在你已被秦王聘用，我就算完成了任务，该回去告诉苏君了。”张仪听后大为感慨。张仪后来凭他的智慧和才能，说服秦王，使秦军15年未越函谷关一步，为苏秦合纵之策赢得了很高的声誉。可见激将方式只要使用得当，适时适度，效果是妙不可言的。

卒善而养之，是谓胜敌而益强。

兵家活用

“卒善而养之，是谓胜敌而益强”，这句话可作两种理解：第一，被俘虏的敌兵们态度好的，应该养起来以备日后任用；第二，对被俘虏的敌兵要善待，照顾其生活，以便争取他们为己方工作。优待俘虏，这在今天看来不算什么新政策，但在孙子之前，屠杀活埋俘虏是常事，因为当时还不懂得使用俘虏的意义，而孙子却能提出“卒善而养之”，实在是难能可贵的主张。“是谓胜敌而益强”，这就是战胜敌人而使自己更加强大。

西汉末年，刘秀率领将士浴血奋战，渐渐平定了全国的混乱局面。某一天，他展开地图，总结平乱的政绩，望着标识着密密麻麻符号的作战形势图，他不禁茫然，便对幕僚邓禹道：“天下如此辽阔，如今我才平定了一些小郡，要到哪年哪月，才能使全国安定下来呀？我真的没有把握呀！”

邓禹回答：“诚然，如今天下群雄竞起，战乱不息，前景不测，但是万民都眼望着明君的出现。自古以来，兴亡都在于仁德的厚薄，而不在于土地的大小。请您不要灰心丧气，只要一心一意积王者之德，天下最终会归于统一的。”

刘秀听其言。半个月后，他率兵击败了称作“铜马”的农民军。对那些愿意投降的将士，刘秀非但不治罪，反而让他们维持原职参加刘军，继续作战，且对其统领们一一封侯。他这样对叛军恩宠有加，以至于他们不敢相信，心中不免充满疑惑及不安。

对这种情形，刘秀也察觉到了，于是，他下了一道命令，投降军队不予整编，维持原编制，叛军各将领仍复原职，带领原部下参战，本部不做干涉。命令下去后，为了观察实际反应，刘秀经常一个人来往于各营地巡视。此时如果有人行刺刘秀，那真是件唾手可得的事情。但是叛军众将士看到刘秀如此诚恳，都产生了景仰之心。他们异口同声地说：“刘秀推赤心置人腹中，诚恳待人，不怀疑我们，实在是一位度量宏大的宽仁长者！以前我们以小人之心度君子之腹，怀疑他居心叵测，现在回想起来，真觉惭愧。今后为了报答君主的知遇之恩，我们就是上刀山、下火海也在所不辞！”

从此以后，这些降将都成了刘秀忠实的部下，跟着刘秀披荆斩棘、赴汤蹈火，立下汗马功劳。而刘秀率领着他们东征西讨、南征北战，终于平定了天下的混乱，建立了东汉王朝。

刘秀的这种做法就是运用了“卒善而养之，是谓胜敌而益强”的战略思想。他诚恳待人、不计前嫌，以君子之心度他人之腹，以温和而实用的态度，感化部下，最终能笼络人心，壮大自己，从而取得胜利。

处世活用

在人生活动中，“胜敌而益强”的思想主要表现为借人之长，补己之短，变我弱为我强。不要忽视你遇到的任何人，因为在人生道路上，你并不知道前面有什么在等着你，你也不知道在向你伸出的手中哪一双有足够的力量支撑你。要学会带着慧眼去认人、识人，发现那些能够助你一臂之力的人。

汤姆逊是一位演员，刚刚在电视上崭露头角。他英俊潇洒，很有天赋，演技也很好，开始时扮演小配角，后来成为主要演员。从职业上看，他需要有人为他包装和宣传以提高知名度。因此，他需要一个公共关系公司为他在各种报纸、杂志上刊登他的照片和有关他的文章，增加他的知名度。

不过，汤姆逊拿不出那么多钱来建立这样的公司。偶然的一次机会，他遇上了爱莎。爱莎曾经在一家大型公共关系公司工作了好多年，她不仅熟知业务，而且也有较好的人缘。几个月前，她自己开办了一家公关公司，并希望最终能够打入公共娱乐领域。到目前为止，一些比较出名的演员、歌星、夜总会的表演者都不愿同她合作，她的生意主要还是靠一些小买卖和零售商店。当汤姆逊把他的想法告诉爱莎后，爱莎立即同意，与他进行合作。

汤姆逊成为爱莎的委托人，而爱莎则为他提供出头露面所需要的经费。他们的合作达到了最佳境界，汤姆逊是一名英俊的演员，并正在时下的电视剧中出现，爱莎便让一些较有影响力的报纸和杂志关注他。这样一来，她自己也变得有名了，并很快为一些有名望的人提供了社交娱乐服务，他们付给她很高的报酬。而汤姆逊不仅不必为提高自己的知名度花大笔的钱，而且随着名声的增大，也使自己在业务活动中处于一种更有利的地位。

汤姆逊发现了爱莎身上所蕴藏的不为别人知晓的才能，即使爱莎当时并没有显示出惊人的魄力，而事实上，正是这个别人眼中的弱者满足了汤姆逊的需要，为他带来巨大的声誉和财富。

为人处世不要轻视你所遇到的任何人，即使他目前正处于不利的境遇中，你也不要忽视他身上的潜能。一个人是完不成大合唱的，必须借他人之力。想成大事者，最紧要的任务是学会如何从他人那里获得资源，以凝聚成大事的力量。

故兵贵胜，不贵久。

兵家活用

战争中，时间就是胜利的保证，谁抢先占领了战争的先机，谁就最有可能取得战争的胜利。

战争史上“兵贵胜，不贵久”的战例数不胜数。第二次世界大战时，美军和日军在一座海岛上发生了激烈的争夺战，日军凭借有利地势，在结实的岩石下建设了明、暗结合的180多个地堡，美军的坦克、大炮怎么也奈何不了它们，美军的进攻严重受挫。美军指挥官斯普鲁恩斯召集全体军官研究对敌方案，一位工程技术军官提出了一条奇妙的建议：“日军的地堡是凭借山岩建设的，的确坚不可摧，不过这些地堡有一个共同的弱点——进出口都格外狭小，如果我们能用快干水泥将其封死，日军必将全部闷死在地堡里面。”斯普鲁恩斯命令将士连夜将坦克改装成推土机，并把快干水泥运到前线。第二天早上，美军停止对日军的炮击，无数辆“坦克推土机”推着黑乎乎的搅拌好的快干水泥，冲向日军地堡。日军迷惑不解，以为是美军的“美式武器”。正在目瞪口呆之际，“坦克推土机”推着快干水泥将地堡的进出口全部堵死。“快干水泥”顾名思义，凝结的速度十分快，日军在地堡里尚未想出对策，水泥已经凝固，致使日军官兵在地堡中全部窒息而死，美军因而大获全胜。

处世活用

抓住了时间，就抓住了机会。

詹妮芙·帕克小姐是美国鼎鼎大名的女律师。她曾被自己的同行——马格雷先生愚弄过一次，不过，恰恰是这次愚弄使得詹妮芙·帕克小姐名扬全美国。

一位名叫康妮的小姐被美国全国汽车公司生产的一辆卡车撞倒，由于司机踩了刹车，卡车把康妮小姐卷入车下，导致康妮小姐被迫截去了四肢，骨盆也被碾碎。康妮小姐是自己在冰上滑倒摔入车下，还是被卡车卷入车下？马格雷先生巧妙地利用了各种证据，推翻了当时几名目击者的证词，康妮小姐因此败诉。

于是康妮小姐向詹妮芙·帕克小姐求援，詹妮芙通过调查掌握了全国汽车公司的产品近五年来的15次车祸——原因一模一样，于是推断出该汽车的制动系统有问题，急刹车时，车子后轮都会打转，把受害者卷入车底。詹妮芙对马格雷说：“卡车制动装置有问题，你隐瞒了它。我希望汽车公司拿出200万美元来给康妮小姐，否则，我们将向法庭提出控告。”老奸巨猾的马格雷回答道："好吧，不过，我明天要去伦敦，一个星期后回来，届时我们研究一下，再做适当安排。"

一个星期后，马格雷却没有露面。詹妮芙感到自己被愚弄了，但又不知道原因所在，她的目光扫到了日历上——詹妮芙恍然大悟，诉讼时效已经到期了。詹妮芙给马格雷打了个电话，马格雷在电话中得意扬扬地放声大笑："小姐，诉讼时效今天过期了，谁也不能控告我了！希望你下一次变得聪明些！"

詹妮芙几乎要被气疯了，她问秘书："准备好这份案卷要多长时间？"

秘书回答："需要三四个小时。"

"时间！时间！该死的时间！"詹妮芙小姐在屋中团团转，这时，一道灵光在她的脑海中闪现，"全国汽车公司在美国各地都有分公司，为何不把起诉地点往西移呢？隔一个时区就差一个小时啊！"

位于太平洋上的夏威夷在西十区，与纽约差整整5个小时，詹妮芙小姐决定就在夏威夷起诉。

詹妮芙赢得了宝贵的几个小时，她以雄辩的事实、催人泪下的语言，使陪审团的成员们大为感动。陪审团一致裁决：詹妮芙小姐胜诉，全国汽车公司赔偿给康妮小姐600万美元！

速度，不仅对于作战来说很重要，对于为人处世同样重要。一个重视速度、思维敏捷、重视效率的人，在处世方面也能抢占先机，抓住机会，获得成功。

知兵之将，生民之司命，国家安危之主也。

兵家活用

“司”，主。“司命”，主宰。“司命”本指天上“文昌星座”的第五颗星，该星主司人的寿命。孙子借用该星譬喻“知兵之将”是民众生死的掌握者，是国家安危的主宰。

虞诩是东汉安帝、顺帝时期（公元107—144年）一位刚正不阿、不畏权贵、敢于直谏的忠臣，先后任过郎中、县令、郡守、司隶校尉、尚书令等文职。但他自幼聪明好学，对军事很有研究，有“将帅之略”。东汉安帝永初元年（公元107年），凉州陇西羌人起兵反汉。当时临时听政的邓太后派其兄弟邓骘率军5万前往征伐。第二年正月，邓军在冀县（今甘肃天水）败于羌人，死千余人。邓骘出征连吃败仗，但在永初二年（公元108年）十一月奉诏还朝时却受到隆重迎接，并由车骑将军升任大将军。先零羌首领滇零自称天子，在北地郡（治所在今宁夏吴忠市西南）联合羌族其他各部，切断了陇西的粮道，经常袭扰三辅（今陕西中部地区）之地，对东汉造成不小的威胁。

邓骘的一个谋士献计说，应当把凉州郡那些受羌人骚扰无法生活下去的人迁到三辅来。邓骘因兵员经费不足，感到维护三辅的安全十分困难，听到谋士这样说，他召集公卿召开会议，讨论放弃凉州的问题。他说：“假如两件衣服都破了，如果用一件去补另一件，那就会有一件完整的；如果不这样，两件仍然都是破的。”太尉李修府郎中虞诩闻知此事后对李修说：“邓骘放弃凉州的计谋是不可行的。第一，疆土是先帝辛辛苦苦开拓出来的，现在因为经费困难就放弃凉州，这是不行的；第二，放弃凉州，三辅就成了边塞，那么汉朝祖先的坟茔就暴露给外敌了；第三，谚语说‘关东出相，关西出将’，英雄武将多出自凉州，因为这一地区民风强悍，喜欢练习打仗的本事。现在羌、胡之所以不敢占据三辅，是因为凉州在其后方成为其心腹之患。凉州军民之所以在战场上英勇善战，父死于前，子战于后，不考虑后路，是因为他们臣属于汉朝。现在将他们推给羌人，割弃凉州之地，他们必然会愤怒地抱怨说：‘汉朝把我们遗弃给夷狄了！’就是那些十分效忠于汉朝的人，也不会没有怨恨。如果他们猝然谋划，乘汉朝民众饥疲、国库虚弱，聚集英雄豪杰，以其杰出者为师，驱使胡、羌为前锋，席卷而来，那么汉朝即使有像古代英雄孟贲、夏育那样的人为士卒，姜太公那样的人为主帅，恐怕也抵挡不住他们的进攻。那样，函谷关以西、汉皇室祖坟、旧京长安就不归汉朝所有了。”

李修听了这番议论后感慨地说：“我都没想到这些。没有你这番话，几乎误了国家的大事。”李修向虞诩问计。虞诩说：“应当收揽凉州的豪杰，使用他们加强地方防守。命令凉州郡县各延揽数名豪杰做僚属，表面上奖励他们建立功劳，暗地里采取措施防止他们密谋反汉。”朝廷再次讨论此事时，大家都赞成虞诩的意见。于是，凉州各郡县都请了当地豪杰做僚属，当地官吏的子弟也被任用为随从官员。

虞诩能够从战略、政治、地理等诸多方面分析放弃凉州的危害，并提出切实可行的计策，说明他确实有“将帅之略”。

处世活用

汉高祖刘邦在总结自己成就帝业的经验时有一段精彩的表述，他说：“夫运筹策帷帐之中，决胜于千里之外，吾不如子房。镇国家，抚百姓，给馈饟，不绝粮道，吾不如萧何。连百万之军，战必胜，攻必取，吾不如韩信。此三者，皆人杰也，吾能用之，此吾所以取天下也。项羽有一范增而不能用，此其所以为我擒也。”所以，用人问题是关系到事业成败的关键问题，大到一个国家择帅任将，小到选拔一名下属无不如此。

成功的领袖，身边总有几员得力大将及心腹。这些人更能做到对领导者忠心耿耿，甘苦与共。春秋时晋公子重耳，由于受到国君迫害，不得不逃亡他国。跟从他一起逃亡的，就有魏犨、狐偃等一批大臣。有一天，他们逃到曹国，曹国公却待他们十分傲慢。曹国有个大臣叫僖负羁，他的妻子对他说：“我看晋公子身边的人，都有将相之才，将来晋公子必然复国，当上国君。”僖负羁因此善待重耳一行，重耳后来果然复国，是为晋文公。可见，仁君明主都离不开才华出众的将相的辅佐。

领导最重要和最宝贵的财富就是人才，有了人才，就等于有了新技术、新产品，有了事业的创造力和革新精神，有了事业的生存竞争能力和经济效益。谁拥有最多、最好的人才，谁就会在竞争的道路上跑得最快。“人才是事业最重要的资本”，是现代管理者的价值观念。

谋攻篇

谋高一筹则攻之能胜，反之则败。然而，谋有高、低之分，孰优？孰劣？不以争胜判，而以全胜判，“不战而胜”才是最高明的谋攻战略。

“战争是政治的继续”，因此，只有站在政治的角度考察战争问题，才能真正了解战争的本质，也才能确立总览全局的战略思想，真正做到“知彼知己者，百战不殆”。

原文

孙子曰：凡用兵之法：全国为上，破国次之；全军为上，破军次之；全旅为上，破旅次之；全卒为上，破卒次之；全伍为上，破伍次之。是故百战百胜，非善之善者也；不战而屈人之兵，善之善者也。

故上兵伐谋，其次伐交，其次伐兵，其下攻城。攻城之法，为不得已。修橹轒辒，具器械，三月而后成，距闉，又三月而后已。将不胜其忿而蚁附之，杀士三分之一，而城不拔者，此攻之灾也。故善用兵者，屈人之兵而非战也，拔人之城而非攻也，毁人之国而非久也，必以全争于天下，故兵不顿而利可全，此谋攻之法也。

故用兵之法，十则围之，五则攻之，倍则分之，敌则能战之，少则能逃之，不若则能避之。故小敌之坚，大敌之擒也。

夫将者，国之辅也。辅周则国必强，辅隙则国必弱。故君之所以患于军者三：不知军之不可以进，而谓之进，不知军之不可以退，而谓之退，是谓縻军；不知三军之事，而同三军之政，则军士惑矣；不知三军之权，而同三军之任，则军士疑矣。三军既惑且疑，则诸侯之难至矣，是谓乱军引胜。

故知胜有五：知可以战与不可以战者胜，知众寡之用者胜，上下同欲者胜，以虞待不虞者胜，将能而君不御者胜。此五者，知胜之道也。

故曰：知彼知己者，百战不殆；不知彼而知己，一胜一负；不知彼不知己，每战必败。

译文

孙子说：大凡用兵的法则，使敌国完整地降服是上策，用武力击破敌国就稍逊一筹；使敌人全军完整地降服是上策，用武力击破它就稍逊一筹；使敌人全旅完整地降服是上策，用武力击破它就稍逊一筹；使敌人全卒完整地降服是上策，用武力击破它就稍逊一筹；使敌人全伍完整地降服是上策，用武力击破它就稍逊一筹；百战百胜者，虽然高明，但还不算最高明的；不经交战而使敌人屈服，才算是高明中的高明。

所以用兵的上策是用战略计谋挫败敌人，其次是瓦解敌人的联盟，再次是战胜敌人的军队，下策是攻占敌人的城池。攻城的办法是不得已的。修造盾牌和四轮车，准备攻城器械，三个月才能完成；构筑攻城的土山，又要花费三个月才能完工。将帅抑制不住焦躁愤怒的情绪，指挥士卒像蚂蚁一样去爬梯攻城。士兵伤亡三分之一，而城还是攻不下，这就是攻城的灾害。所以善于用兵打仗的人，是使敌军屈服而不靠直接交战；夺取敌人的城邑而不靠硬攻，消灭敌人的国家而不须旷日久战，一定要用全胜的策略争胜于天下，这样，军队不疲惫受挫又能获得全面胜利，这就是以计谋攻取敌人的法则。

所以用兵的方法，有十倍于敌人的兵力就包围他，有五倍于敌人的兵力就进攻他，有两倍于敌人的兵力，就要设法将敌军分散，与敌人的兵力相当时就要与敌军对抗，比敌人兵力少，就要善于摆脱敌人，实力比敌人弱就要避免与敌人交战。所以，弱小的军队如果只知硬拼坚守，就会成为强大敌人的俘虏。

将帅是国君的助手，将帅对国家的辅助周密，国家就强盛，辅助的谋略有缺陷，国家就会衰弱。国君危害军队的情况有三种：不了解军队不可以前进而命令它前进，不了解军队不可以后退而命令它后退，这叫束缚军队；不知道军队内部事务而主持军队的行政管理，将士就会迷惑；不懂得军队的权谋而干预军队的指挥，将士就会疑虑。军队既迷惑又疑虑，那么各诸侯国乘机侵犯的灾难就来到了。这就叫作扰乱自己的军队而导致敌人获得胜利。

预知胜利有五个方面：知道可以打或不可以打的，能胜利；懂得根据兵力的多少灵活采取战术的，能胜利；军队上下同仇敌忾的，能胜利；以有备之师对付疏懈之敌的，能胜利；将帅有指挥能力而国君不加牵制的，能胜利。这五条，是预知胜利的途径。

所以说，了解敌人虚实，又了解自己强弱的，才能常胜不败；不了解敌人但了解自己，可能胜利也可能失败；不了解敌人也不了解自己，那就每战都必定失败。

名家注解

曹操曰：欲攻敌，必先谋。

李筌曰：合陈为战，围城曰攻，以此篇次《战》之下。

杜牧曰：庙堂之上，计算已定，战争之具，粮食之费，悉已用备，可以谋攻。故曰《谋攻》也。

王皙曰：谋攻敌之利害，当全策以取之，不锐于伐兵攻城也。

张预曰：计议已定，战具已集，然后可以智谋攻，故次《作战》。

谋略精解

之前说到的《计篇》和《作战篇》主要讨论的是打仗前的问题，也就是在做出用兵决策之前要考虑的事情，但从《谋攻篇》到《军争篇》，主要讨论的都是用兵决策做出之后的问题，是从战略思想和用兵原则的角度去阐述取得胜利的方法。

本篇以“谋攻”作题，自然就是讲谋略，取胜靠的是机智的“谋”，不是鲁莽的“斗”。孙子在本篇中提到了一个非常重要的论点，就是“全胜论”。“全胜论”是孙子军事谋略的一条指挥原则，是“谋攻”的出发点和核心内容。他在文章一开始就强调，要实现全胜就应该根据具体情况制定相应的战术策略。因此，文章就此展开，孙子将取胜之道娓娓道来，广至用兵方法好坏的等级排列，细至每种方法的具体实施；上至国君在行军中应起的作用，下至士兵在作战时要树立的心态。层次明了，条理清晰，易于理解。在文章结尾处，孙子还用一句简洁的话来概括取胜的基本规律，即“知彼知己者，百战不殆”。这一总结对所有的战争都具有指导性意义，画龙点睛，更加衬出文章深意。

凡用兵之法：全国为上，破国次之；全军为上，破军次之；全旅为上，破旅次之；全卒为上，破卒次之；全伍为上，破伍次之。

兵家活用

这是一段几千年来脍炙人口的军事名言。孙子强调，避免用流血来达到战争的目标。孙子通过五个层次的阐述，既表达了从大到小的不同层次的“全胜”思想，还表示了“破”中有“全”的“全胜”思想，即在敌国不能“全屈”而不得不采取次策“破”时，则应当在“破军”之中求得“全旅”；在“全旅”不可得而必须“破”时，则应当在“破旅”之中求得“全卒”；在“全卒”不可得而必须“破”时，则应当在“破卒”之中求得“全伍”。

李世民刚登基时，东突厥的大小可汗（颉利可汗、突利可汗）组成联军，出动十几万兵力，向中原进军，局势紧张。李世民沉着应敌，先派尉迟敬德大挫敌军，先声夺人。几天后，颉利可汗进抵渭水便桥北岸，派遣一名心腹担任使者觐见，顺便打探虚实，李世民为了打压突厥大军的嚣张气焰，干脆先来个下马威，将使者逮捕囚禁。李世民在气势上连连压过对手之后，乘势追击，亲率房玄龄等六名官员，骑马来到渭水南岸，和颉利可汗隔水对话，并以严厉的口吻指责他背信弃义，气势之盛，使得东突厥士卒下马遥拜。

此刻大唐的主力部队浩浩荡荡赶到，颉利可汗见派去的使者一去不回，唐朝皇帝却亲自挺身而出，再加上唐军军容壮大整齐，不由得面露惧色。李世民下令军队后退布阵，只剩下他一个在岸边，和颉利可汗谈话。朝臣萧禹认为此举过于冒险，万一敌人射出冷箭，皇上安危堪忧，但李世民胸有成竹地说：“你知道他们为什么敢倾巢而出，直逼京畿吗？只因他们以为我国才发生大事不久（指玄武门之变），而我又刚登上帝位，一定没有抵抗能力。我如果在他们面前示弱，闭门防守，他们必定大军攻来，局势难以控制。所以我单枪匹马，表示不把他们放在眼里；又炫耀强大的军容，摆出不惜一战的姿态；一切都出乎敌方意料，让他们一时无法应变。突厥深入我国境内，对我颇具戒心，我们如和他们开战必胜，如和他们谈和必成，一切操之在我。制服突厥在此一举。你等着看吧！”

果然，当天东突厥便派人来请和，两天后，双方斩白马为誓，突厥退兵。这样不战而退敌的谋略，令萧禹叹服不已，又百思不解，他问李世民说：“当突厥尚未请和时，众将官请求一战，陛下不准，我们都感到疑惑；但不久敌人就自行退兵，这到底是什么样的计策？”于是李世民公开他的决策秘诀，他说：“据我观察，突厥军队的人数虽多，却不严整，君臣一心只想要钱。当他们前来请和时，可汗一个人留在渭水西岸，其他的高级官员都来见我，我可以设宴款待，趁他们喝醉时下手，加以逮捕，并且袭击他们部队；当他们奔逃时，我可以派兵追击，加上我事先安排长孙无忌、李靖在他们回归的必经之路埋伏重兵，伺机出击，歼灭他们必如摧枯拉朽般，易如反掌。”

“然而我并不这样做，为什么？只因为我即位不久，国家不够强盛，民众不够富庶，需要休养生息。万一开战，损害一定很大；敌人若因此与我结怨，必然后患无穷，对我反而不利。所以，我不出战，而送给他们金帛钱财，让他们志得意满，心生骄惰，导致战力大减，届时我军出击，必可一举歼灭他们。老子说：‘将欲取之，必先予之。’想要夺取些什么，就要暂且给予些什么。就是这个意思。其中的奥妙，你了解吗？”萧禹叩头说：“我的智慧没有那么高，想不到这么远。”

李世民兵法概念之清晰，头脑之冷静，应变能力之强，实非一般人所能及。他两度站在第一线上，不费一兵一卒，化解了东突厥的进犯，凭的正是孙子“全胜”的兵法思想——当自身实力不够强大，甚至根本不如对手时，决不轻起战端，即使赢得某一场小战役，却可能迫使敌人励精图治、枕戈待旦，变成更可怕的对手。这就是李世民不愿开战的原因。

处世活用

以现代军事视野来看，“全胜”可分为战略、战役和战斗层面，“全胜”的思路是将战争的损失降至最低限度。如果将孙子破中求全的“全胜”思想应用到人生战场，它可以看作人生最小损失法。

《史记·廉颇蔺相如列传》载：

赵国蔺相如因两次出使秦国有功，皇上加封他为上卿，地位在将军廉颇之上。老将军不服，公开说：“我做将军，多次身先士卒，攻城野战，立下大功，他素来贫贱，只不过张张嘴巴，地位反在我之上。我认为这是耻辱！如果让我碰到了他，我定会当面羞辱他！”蔺相如听到了这些话，每次外出，只要看见廉颇，远远地便叫手下之人赶车躲开，蔺相如手下人都认为受了屈辱。蔺相如则说：“秦国之所以不进攻赵国，是因为有我们二人在。假如我与老将军对立，必有一伤。先考虑国家利益，后考虑个人恩怨，这就是我躲避廉将军的缘故呀。”这话传到了廉颇耳里，他顿感羞愧，便赤着上身背着荆条，到蔺相如住处去谢罪。最后两人和好如初，成为生死之交。

不战而屈人之兵，善之善者也。

兵家活用

孙子“不战而胜”的战略思想为历代兵家所推崇。历史上将这一观念运用于实践中，并取得显著成绩的国君和将领有不少，管仲称得上是其中的佼佼者。

管仲被齐桓公重用后，深知要让齐桓公实现称霸的目标，国家首先得富强。而在管仲的眼中，国家的富强需要大力发展商业。他不仅是个谋略家，同时也是实干派，管仲上任不久，就以贸易战的方式，向最强对手楚国发动了战争。

管仲从楚国商贩手中以每只 8 万钱的价格大量购入城中的野鹿，同时齐桓公开始大量囤积粮草。之后管仲携 2000 万钱向楚王购买野鹿，管仲购买野鹿的行为还被狠狠嘲讽了一番。楚王觉得这是送上门的好买卖，于是他命令百姓都去捕捉楚国境内的野鹿。百姓都去捉野鹿了，田间地头的粮食自然没有时间照看，田地被荒废。此后楚国人口袋里的钱是比之前丰足，但最重要的粮草却严重匮乏。

齐国虽然付出 2000 万钱的代价，但他们的粮草却多了许多。这之后，管仲还让齐桓公关闭对楚的贸易通道，这样楚国粮食供应开始紧张，且不能立刻得到粮草，于是楚国本国粮价飞升，许多楚国民众为了生存不得不逃离楚国，迁移到齐国。就这样，齐国不战而屈人之兵，在三年后拿下了楚国。

处世活用

政治斗争的残酷性一点也不亚于刀光剑影的军事战争，不过有时它也会表现得比较缓和。真正的谋权高手面对政治对手，并不是通过激烈的政治争斗来实现自己的目的，而是在举手投足间就赢了对手。

武则天当政时，徐敬业勾结朝廷势力发动叛乱，武则天全力镇压。平叛胜利后，她在宫中宴请功臣。歌舞欢笑三天后，她在洛阳宫乾元殿又召集了一次群臣集会。不过这次没有歌舞、酒宴，只有紧张的、令人窒息的气氛。

武则天先是对自己的功绩标榜了一番，然后对群臣厉声说道："众卿，你们中间有的是先朝老臣，有的是将门之后，还有的是握有兵权的老将，可是你们的实力有超过裴炎的吗？有超过徐敬业的吗？有超过程务挺的吗？若各位比他们更厉害，就请早点动手，不然的话，就应该洗心革面，安分守己，免得身败名裂，贻笑大方！"

这番话字字千钧，铿锵有力，众臣们听后个个浑身颤抖，一起跪地叩首，表示愿意誓死效忠于她。集会完毕，武则天又让大臣们排着队前往朝堂。朝堂上正悬着徐敬业、裴炎、程务挺三人的首级。

武则天没有对大臣们施以严刑酷法，只用三颗首级就令大臣们心服口服。

上兵伐谋，其次伐交，其次伐兵，其下攻城。

兵家活用

孙子主张"上兵伐谋"，是因为"兵者，诡道也"。孙子提出这个思想是对战争经验的总结，是对整个军事行动的哲学概括，它提示了战争行为的本质。孙子的这一思想，可以说是军事战略学中的大智慧、大谋略。

作为一般的军事将领，几乎共同认定了一个死理：将军的功勋应该在战场上建立，将军的丰碑只能在尸骨上树起。其实，这是十分偏颇的观点。

不战而屈人之兵，多用的是王者之气，靠的是天道民心。而以战屈人，多用的是杀人略地的霸气。在《谋攻篇》中，孙子提出“必以全争于天下”的命题，就是说：要战胜敌国，扩展领土，不能仅仅依靠军事暴力手段，而应以军事实力为后盾，秘密或公开地全面运用政治、外交、经济、文化等各种手段，使敌国或敌军完全降服。

正因如此，在战争中，三军统帅就不能只懂得指挥将士冲锋陷阵，还应具有敏锐的政治洞察力，重视“伐谋”与“伐交”。孙子把“伐谋”“伐交”视为上策与中策，就因为它是一种政治手段，其优点及特点是能“不战而屈人之兵”，取得“全胜”。而这“全胜”的“伐谋”正是战略决策中最理想的要求。

伊尹是商汤的大臣，官职相当于丞相兼军师。当时，为了探察夏桀的力量，伊尹向汤献计说：“要与桀的军队作战，就要搞清楚桀的军力有多强，桀的号召力有多大。这些一时很难看出来，可以采取抗贡（即不给桀送贡品）的手法来试探一下桀还有多大军力和号召力。”

汤接受了伊尹的意见。第一年，汤未给桀进贡，桀发怒，调九夷之兵讨伐汤。根据这个情况，伊尹对汤说，桀还有较强的号召力，不宜和桀作战，赶快赔礼道歉。于是汤给桀补送了更加优厚的贡品来平息桀的怒气。

第二年，汤又抗贡，桀更加暴怒，欲调九夷之兵讨伐汤。但是，由于九夷的军队疲劳，财力耗尽，九夷反对连年用兵，不听调动指挥，最后只征召到三夷之兵来讨伐汤。这时伊尹献计说：“桀已经没有什么号召力了，三夷之兵战斗力也不强了，士气也不高了，我们可以对桀作战了。”于是汤联合诸侯军队，在山西安邑的鸣条设下埋伏，诱桀的军队出战。

这次战役汤彻底打败了夏桀的军队，这就是历史上的鸣条之战。

处世活用

无论是古代，还是现代，如果发生战争，必然会带来生灵涂炭，留下满目疮痍，最终无论谁输谁赢，都难免两败俱伤。所以《孙子兵法》上说："上兵伐谋，其次伐交，其次伐兵，其下攻城。""伐兵"是下策，"伐谋"是上策，用计谋解决纷争，不动一兵一卒，和平解决问题，才是最大的智慧。

汉魏时，朝廷对归降的鲜卑人多安置在塞内各州郡。后来鲜卑人势力日益膨胀，经常在关内寻衅闹事，挑起矛盾。杀害地方官，侵扰附近村落，渐渐成为祸害。晋代时，侍御史郭钦给出了正确办理这件事的方案，他请求朝廷乘平吴的余威，把鲜卑人分散到内地或边疆，加强交通要塞。但朝廷对这个处理方案没有采纳，后来终于出现了混乱的局面。

通常只有乘开国的势头才可扬威边疆，错过机会就很难有所作为。宋初不能立威于外，终使辽、金之祸持续不断；明太祖朱元璋向北驱逐金、元，威风行于沙漠戈壁；明成祖朱棣定都燕京，多次征服边疆，并重修万里长城，这样的智谋可谓深谋远虑。

《韩诗外传》中有一个故事说的是：楚庄王欲动员大军攻打晋国，并武断地决定："此事我已决定了，敢再谏者死！"此时，孙叔敖挺身而出，冒死劝道："我院里有一榆林，前天，我在林中偶见一只蝉，正欲去饮露水。这时其身后却有一只螳螂，正做捕食之势。然而螳螂也没有发现有一只黄雀早已瞄上了它。同时，树下一孩童却正举着弹弓向黄雀瞄准。而那孩童忽略了脚边的一个大洞。他们都只为眼前的利益所惑而不顾身后的危险呀！现在晋国未衰，而大王欲讨之，情形不也是一样吗？”听了这段话，楚庄王终于收回了成命。

上面这则历史故事，是从大的层面来解释“上兵伐谋”的智慧。这样的智慧用于生活中，同样能收到很好的效果。例如对待同事、亲朋好友，若是乱发脾气、不注意言辞、以权以势压人，难免产生矛盾。

相反，做好情绪管理，和颜悦色、心平气和、舌灿莲花，大家和谐共处，结果一定是皆大欢喜。

所以按《孙子兵法》所说，大到国与国之间，小到人与人之间，“伐谋”才是良策，以长远观、全局观思考，以包容心、真诚心对待，才能和谐、长久共处。

夫将者，国之辅也。辅周则国必强，辅隙则国必弱。

兵家活用

孙子说：“夫将者，国之辅也。辅周则国必强，辅隙则国必弱。”可见将帅在战争中的重大作用。

如果把战场比作一个大舞台，那么将帅就是这舞台上的总导演。他指挥着千军万马，或运筹帷幄，决胜千里，或叱咤风云，雷厉风行，导演出一幕幕或雄壮，或激昂，或哀怨，或悲壮的历史活剧。所以，作为将帅，操纵着战场，导演着战争，决策制胜的方略，不仅关系着战场上的生与死、胜与败，也关系着国家和民族的存亡。

人们常讲“强将手下无弱兵”。拿破仑则对将帅的作用做了更为形象的比喻：“由一头狮子率领的一群绵羊将战胜一头绵羊率领的一群狮子。”

郭子仪是唐代杰出的军事将领，华州郑县（今陕西渭南市华州区）人。武举出身，以其多谋善战、宽厚待人、忠君卫国，深得君臣上下信服。历官四朝（玄宗、肃宗、代宗、德宗），出将入相六十余年；长期担负唐廷军政重任，统军作战，功勋卓著，累升官职，直至统军副元帅、中书令、太尉，封爵代国公、汾阳郡王。德宗还赐其为“尚父”。死后赠太师，谥号“忠武”。

郭子仪虽是一个武将，但有政治头脑，是四朝皇帝的得力助手。他一生贯穿着一个基本的谋略思想，就是：以诚服人，忠心为国。所以，他为将令兵，能够御下宽厚，赏罚必信，因此人乐为其用；与敌抗衡，善于攻心，以致常以德威取胜；为官当政，以国为重，忠心耿耿，肝胆相照，令君主放心；为人处世，不居功自傲，宽以待人，严于律己，令上下诚服。其结果是“功盖天下而主不疑，位极人臣而众不疾，穷奢极欲而人不非之”。他为军、为政、为人的成功经验值得后人赞扬和借鉴。

“安史之乱”初年，朝廷命郭子仪、李光弼同率朔方兵进援河北平乱。郭、李原均为朔方节度使安思顺的部将，曾发生过小矛盾。当朝廷命两人同去时，李光弼疑惧，怕搞不好团结，准备请辞。郭子仪则以国为重，主动对李光弼说：“今国乱主迁，非公不能北伐，岂怀私忿时邪！”并与之相勉以忠义，同心破敌。不久，唐廷命郭子仪选良将一人分兵出击井陉（今河北省石家庄市），郭子仪立即推荐李光弼，并分万名朔方精兵给他。后李光弼兵困常山，向郭子仪求援，郭子仪昼夜兼程，赶去救援，于是内外夹击，大败史思明叛军。

广德二年（公元 764 年），代宗以郭子仪功勋卓著，下诏拜其为尚书令。郭子仪觉得自己官职已多，身位已高，也疑群臣相忌，与国不利，乃上表恳辞不上任。代宗再次下诏促其诣尚书省视事，又派出五百射手骑马执戟护卫（类今日之仪仗队），官员们也齐集尚书省恭贺。但郭子仪坚决辞让不受，他诚恳地说："太宗尝践此官，故累圣旷不置员，皇太子为雍王，定关东，乃得授，渠可猥私老臣，隳太典？且用兵以来，僭赏者多，至身兼数官，冒进亡耻。今凶丑略平，乃作法审官之时，宜从老臣始。"唐代宗无奈，只得允许，为记其德，命史官载入国史，为后人美传。

处世活用

政治家和领导者要实现有效的领导，都需要具备良好的品格。

印度独立后的第一任总理尼赫鲁，在政治生涯开始时便追随圣雄甘地，支持甘地所领导的运动。甘地本人对他十分欣赏，寄予厚望。甘地经常在各种问题上和尼赫鲁交换意见，主动提拔他担任领导职务，由于甘地的推动，尼赫鲁在国大党的地位迅速提高。尼赫鲁虽然九次被捕入狱，但是他从未放弃他的政治抱负和理想。但尼赫鲁并不盲目地追随甘地，他不怕困难，对欧洲进行了考察，在很多问题上的看法早已超过甘地。他始终走在印度民族解放运动的最前列，提出了印度"完全独立"的政治目标，得到了印度人民的广泛拥护。他所具有的良好品格，以及对独立事业的坚定信仰，深受印度人民的崇敬和信赖。

有些领导者对品格不屑一顾，如美国前总统尼克松在他的《领导者》一书中对道德表示轻视。他说："美德不是伟人领袖高于其他人的因素。"但是这种认识从根本上来说是错误的，它将权力等同于权术。权术往往是不择手段的，在不够民主和透明的权力机制下，它有可能发挥作用，但是在民主化和透明度很高的机制下它往往会让领导者寸步难行。尼克松最终因为"水门事件"而下台，正说明了这点。因此只有道德被认可，才能实现有效的领导，否则一切都是空谈。

领导者必须通过自己的道德品质来吸引员工。员工往往最初是对领导者的能力表示钦佩，进而服从，但是之后更多的是被领导者的道德品质所感动，进而服从和信赖。因此，领导者要注重自身道德品质的培养，虽然不能做一个伟大的人，但是一定要做个崇高的人。

上下同欲者胜。

兵家活用

孙子说的“欲”有多种解释：其一，意愿。“同欲”，即同心同德。其二，利益。“同欲”即共同的利益。其三，欲望。即心中的希望、嗜好。“同欲”即通过上下欲望相同，达到上下同心同德。其四，心。“同欲”即同心、齐心。其五，俗。“同欲”即习俗相同。“上下同欲者胜”玄机在“欲”字。

公元 74 年（东汉永平十七年），汉王朝重新设立西域都护校尉，任命耿恭为校尉，屯兵金蒲城（今新疆维吾尔自治区吉木萨尔县）。虽然汉廷重新在西域设官建制，但这时西汉的势力已不复存在，西域各国也不再向汉朝臣服，而当时匈奴在西域的势力却日渐强大，西域各国纷纷依附到匈奴的旗帜之下。第二年，北匈奴就联合西域小国大举进攻金蒲城和疏勒（今新疆维吾尔自治区喀什地区）。在敌我力量悬殊的情况下，校尉耿恭与部下坦诚相待、同生共死。在他的带领下，汉军士卒上下一心、同仇敌忾，虽然叛军不断增兵围攻，却久攻不下。公元 76 年，汉朝酒泉太守段彭等率军增援耿恭，耿恭最后终于大败敌军，北匈奴被迫退走。

俗话说：“人心齐，泰山移。”上下一心，可以最大限度地发挥军队的战斗力。耿恭在敌我力量悬殊的情况下，没有死拼硬战，而是与士兵同甘共苦，鼓舞了士卒的士气，激发了士兵们的斗志，等来了援军，解除了金蒲城之围。

处世活用

军事以外的广阔领域里，也有颇多“上下同欲者胜”的事例。美国有一家生产香肠的肉类加工厂，上下坚信高质量的香肠能使食者快乐，因而全厂上下都认为其工作具有崇高的目标——协助成千上万的人得到快乐的一天。这个“欲”固然与西方文化背景有关，但这个“上下同欲”，极大调动了全厂上下的积极性，推动企业效益不断提高。

其实，企业经营者大多知道“上下同欲”出效益，究其举措优劣高下之原因在于同何“欲”，以及如何“同欲”上。美国的这家肉类加工厂所同之“欲”，可谓信念、信仰，这比金钱刺激更容易植根于企业全体员工的心田。

现代企业从外延上可以分为大、中、小等多种类型，从内涵上可以分为四个档次：第一档，形成了团队；第二档，形成团队并具有科学的组织制度；第三档，塑造出团队精神；第四档，形成具有魅力的企业之魂。这是企业发展的最高境界。

团队精神是群体上下一心的反映，属于企业文化的一部分。企业灵魂，则是隐含在企业机体之中，难以用直觉观察到，但却又能使人感知到；既难以捕捉到，又难以用语言描述，但却又光芒四射、能打动人心的一种内在魅力。它不仅是一种品牌、一句广告词、一件实物，还外化为消费者的一种信赖感、安全感、满足感。消费者提到它，就有一种愉悦的心理感受、一种对其产品和企业形象极大的心理认同。

不过，一个企业要达到这种境界，不是一日之功。也许正因为如此，才会显示上下一心的无穷魅力和巨大的挑战，使无数企业为之拼搏奋斗！

知彼知己者，百战不殆；不知彼而知己，一胜一负；不知彼不知己，每战必败。

兵家活用

有位军事家曾高度评价孙子的这一思想，他指出："战争不是神物，乃是世间的一种必然运动，因此，孙子的规律'知彼知己者，百战不殆'乃是科学的真理。"他又说："中国古代大军事家孙子书上'知彼知己者，百战不殆'这句话，是针对学习和使用两个阶段而说的，主张认识客观实际中的发展规律，并按照规律去决定自己行动，战胜当前敌人，我们不要看轻这句话。"

千百年来，孙子的这一制胜原则，不仅对战争，而且对政治、经济、外交等广泛领域都具有普遍指导意义，因而成为妇孺皆知的至理名言。

南宋初期，岳飞屡创金军，金军统帅完颜宗弼（金兀术）对岳飞又恨又怕。公元1140年，完颜宗弼探听到岳飞驻军在郾城，身边只有少量骑兵和步兵，就集中了自己最精锐的"铁塔兵"和"拐子马"，气汹汹地杀向郾城，企图一举击败岳家军。

完颜宗弼的"铁塔兵"名不虚传：他们头戴铁盔，面罩铁网，身穿铁甲，脚穿铁靴，连坐骑身上也披着铁甲。"拐子马"是配合"铁塔兵"行动的轻骑兵，它们位于"铁塔兵"的两侧，机动灵活。

岳飞对完颜宗弼的"铁塔兵"和"拐子马"早有耳闻，已制定了破敌的对策。岳飞对士兵们说："'铁塔兵'固然厉害，但他们太笨重，离开战马就一事无成，而‘铁塔兵’的坐骑偏偏有四条腿毫无遮掩地暴露在外边，我们只要砍断一匹战马的腿，一队‘铁塔兵’就都一筹莫展。‘拐子马’只能在两侧出击，我们集中力量攻击中间的‘铁塔兵’，‘拐子马’就失去了优势，与普通骑兵毫无差别。”岳飞组建了一支盾牌军，盾牌军的士兵左手持特制大盾牌，右手握一把专门砍马腿用的麻札刀，并针对“铁塔兵”的行动特点进行了多次演练。

完颜宗弼统领15000名“铁塔兵”和“拐子马”兵浩浩荡荡地杀至郾城，岳飞先以盾牌军迎战“铁塔兵”，后以精骑兵杀入敌阵。

盾牌军以盾牌护身，以麻札刀砍马腿，马腿一断，“铁塔兵”一个个从战马上摔下来，寸步难行，岳飞的精骑兵乘机冲入，配合盾牌军将“铁塔兵”消灭，待完颜宗弼的“拐子马”杀回自己阵中时，“铁塔兵”已经所剩无几。完颜宗弼眼看着自己苦心经营的“铁塔兵”损失殆尽，伤心得放声大哭。岳飞知己知彼，指挥有力，再一次大败了金军。

处世活用

托尔斯泰说，幸福的家庭都是相似的。我们可以把“相似”理解为幸福家庭的夫妻间做到了“知彼知己”。夫妻间能知彼知己者，为良好的婚姻打下坚实的基础。

为什么有人青梅竹马、有人恋爱多年、有人共同生活几十年还未真正知彼知己呢？其一是知之甚浅。有的夫妻知道对方衣食住行之喜好，却不知对方的精神世界是什么样子的。浅知焉能和谐？其二是知无止境。社会生活变幻莫测，“每个人都是更多地受环境的支配”，人的思想、观念、性格、情操都会变，共同生活的夫妻倘若不察，又岂能保证一直心心相印？

知彼不仅要知其实，更要知其虚。人的弱点可谓“虚”，夫妻间知彼之“虚”便抓住了和睦相处之关键。譬如，妻子下班，丈夫怒脸恶语责其回家晚，其实是怕她出事焦急至极。

知彼固然重要，不知彼的另一原因是不知己。人类对外界刺激所产生的反应，无论言行态度皆为求得心理平衡。当我们在了解彼方心理时，最重要的还是摆正自己的心态。

形　篇

形者，形体之谓也。即指兵力数量的多少，军队战斗力的强弱，军事素质之优劣。善用兵者，总是先创造必胜的条件，以“先胜”为基础，取胜于无形。

如何才能形成“胜兵”局势？孙子指出：(一) 修道而保法；(二) 善于掌握、运用攻守策略。

原文

孙子曰：昔之善战者，先为不可胜，以待敌之可胜。不可胜在己，可胜在敌。故善战者，能为不可胜，不能使敌之可胜。故曰：胜可知，而不可为。不可胜者，守也；可胜者，攻也。守则不足，攻则有余。善守者藏于九地之下，善攻者动于九天之上，故能自保而全胜也。

见胜不过众人之所知，非善之善者也；战胜而天下曰善，非善之善者也。故举秋毫不为多力，见日月不为明目，闻雷霆不为聪耳。古之所谓善战者，胜于易胜者也。故善战者之胜也，无智名，无勇功，故其战胜不忒。不忒者，其所措必胜，胜已败者也。故善战者，立于不败之地，而不失敌之败也。是故胜兵先胜而后求战，败兵先战而后求胜。善用兵者，修道而保法，故能为胜败之政。

兵法：一曰度，二曰量，三曰数，四曰称，五曰胜。地生度，度生量，量生数，数生称，称生胜。

故胜兵若以镒称铢，败兵若以铢称镒。

胜者之战民也，若决积水于千仞之谿者，形也。

译文

孙子说：从前善于用兵指挥作战的人，首先要做到使自己不会被敌人打败，然后等待机会战胜敌人。使自己不会被敌人战胜的主动权在于自己，可能战胜敌人则在于敌人有疏漏和可乘之机。所以说，善于用兵打仗的人，能够做到自己不会被敌人战胜，而不能做到使敌人必定为我所胜。胜利可以预见，但不能强求。想要不被敌人战胜，就要进行防守；可能战胜敌人时，就要采取进攻。采取防守是因为兵力不足，取胜条件不足，采取进攻是因为兵力有余。善于防御的人，如隐藏于极深的地下；善于进攻的人，像行动于极高的天上，使敌人无从防备。所以，既能保全自己又能取得完全的胜利。

预见胜利没有超过常人的认知，不是高明中的最高明；经过激战取得胜利，天下人都说好，也不是高明中的最高明。这就好比举得起秋毫算不上力气大，能看见日月算不得眼睛明亮，能听得见雷声算不上耳朵灵敏一样。古时候所谓善于指挥作战的人，都是战胜容易战胜的敌人。所以善于指挥打仗的人所取得的胜利，没有显出智谋的名声，没有勇武的战功。因为他的战胜是能见微察隐，不会有差错的。他之所以没有差错，是因为他的作战措施是建立在确有把握的基础上，他所战胜的敌人是已处于失败地位的敌人。善于指挥打仗的人，总是使自己立于不败之地，而又不放过任何足以击败敌人的机会。因此，打胜仗的军队总是有了胜利的把握而后才同敌人交战，打败仗的军队，总是先同敌人交战而后企求侥幸取胜。善于用兵指导战争的人，必须修明政治，确保必胜的法度，所以能够掌握胜败的主动权。

用兵之法：一是“度”，二是“量”，三是“数”，四是“称”，五是“胜”。根据敌我所处的地域不同，产生双方土地面积大小不同的“度”；“度”的不同，产生双方物产资源多少的不同，产生双方可能投入的不同兵力的“数”；“数”的不同产生双方军事实力强弱不同的“称”；根据双方兵力的对比，最终决定作战的胜负。

所以胜利的军队对失败的军队来说，就好比处于以“镒”称“铢”那样占绝对优势的地位，失败的军队对胜利的军队来说，就好像用“铢”称“镒”那样处于绝对劣势。

在实力对比上取得优势的一方在指挥作战时候，就好像在几千尺的高处掘开河中积水一样，其势猛不可当。这就是军事实力的“形”。

名家注解

曹操曰：军之形也。我动彼应，两敌相察，情也。

李筌曰：形谓主客、攻守、八陈、五营、阴阳、向背之形。

杜牧曰：因形见情。无形者情密，有形者情疏；密则胜，疏则败也。

王皙曰：形者，定形也，谓两敌强弱有定形也。善用兵者，能变化其形，因敌以制胜。

张预曰：两军攻守之形也。隐于中，则人不可得而知；见于外，则敌乘隙而至。形因攻守而显，故次《谋攻》。

（按：本篇篇题，汉简本作《刑》。“刑”即“形”之古字。武经本作《军形》。）

谋略精解

《形篇》关键的一个字，就是“形”，“形”一般指形状、形态、形势，也就是用来表现事物的外在情况，并因此可以揭示出事物的内在特点。

春秋末期的孙子，虽然没有接触到现代哲学关于“形”的解说和运用法则，但是他在《形篇》中对于“形”的深刻理解和神乎其技的灵活运用，已经将哲学中对“形”的诠释展现得淋漓尽致。他深刻地洞察到物质基础对战争结果所产生的先决作用，再加以精辟的分析论证，最终得到的重点与现代哲学的命题十分接近。这样的预见的确令人肃然起敬。

孙子战略思想体系把“全胜”的观点放在突出的地位。《形篇》的出发点亦是“全胜”，不同之处只在于此处着眼的基点，是敌我双方军事实力这一物质基础，军事实力的对比，是决定战争胜负的基础。所以，善于用兵的将帅总是尽力创造实力上的绝对优势，也就是“先为不可胜”，然后“以待敌之可胜”，等待时机，抓住敌人实力上的弱点和可能被战胜的机会，发起攻击，获得胜利。

“为”自己之不可被战胜，“待”敌人之可被战胜，这样客观冷静的作战态度，实在是常人很难达到的一种境界。也难怪可以做到这样的人，被称为“善之善者”。自己的条件可以创造，军事实力可以设法培养加强，主观努力能够在一定程度上改变现状，故曰“能为”；而敌人的军事实力与用兵的条件，却是我们无法更改的，一切变化只能通过敌人内部的作用来实现，因此说“不能使”，只可等待时机，静观其变。胜负是可以预测的，但是不可以强求。孙子对此认识深刻且充满辩证的智慧。

那么，如何确保全胜，至少是不被敌方战胜呢？孙子提出了依据实力对比而灵活运用攻守方略的具体原则。敌人实力强大，不可战胜时，采用“守”的方略，并且要守得住，完整保存自己的实力，“藏于九地之下”，使敌人无法寻找到自己，避免在不利条件下被迫与敌决战；敌人实力不足，有绝对把握战胜他时，应该选择“攻”的方略，并要迅速出击，速胜速决，“动于九天之上”，出其不意，势不可挡，彻底消灭敌人。根据敌我双方的实力，掌握好攻守的转换，做到能攻善守，该攻则攻，不能攻则守，才能做到“自保而全胜”。这与“知彼知己者，百战不殆”一脉相承，是用兵作战的理想境界。

在文中，孙子不仅详尽论述了自己的军事实力是取得战争胜负的很重要的客观条件，还具体描述出估算军事实力的方法——从土地幅员、人口和物质、资源、兵员和军队、双方的综合实力等方面的“链式”制约中，对敌我双方的整体情况进行了仔细的比较与衡量，从而确切测定胜负的可能性和把握性。一旦确实获得了绝对优势，“胜兵若以镒称铢，败兵若以铢称镒”，则应立刻采取措施发起攻击，以飞流直下的速度和不可抵挡的气势，完全彻底、干净利落地消灭敌人。孙子将力量的对比建立在科学计算的基础上，从各个方面进行分析对比，与当今流行的综合国力的计算有很多的相似之处。以今证古，我们不仅深入地认识到了孙子谋略的精义，更能直接地感受到《孙子兵法》对现实有针对性和普遍性的指导意义。

昔之善战者，先为不可胜，以待敌之可胜。

兵家活用

《孙子兵法》上说：“善于用兵作战的人，首先要做到使自己不被敌人战胜，然后等待机会战胜敌人。”李牧守代郡的这场防守反击战是这种战略思想的充分体现。

李牧，是赵国驻守边境的良将，曾经驻在代郡、雁门郡防备匈奴。

他根据实际情况，灵活设置官吏，从市场收来的租税都收入将军府中，作为士卒的费用。每天都要杀几头牛赏给士兵吃；他精练骑射，严格执行焚举烽火的制度，派间谍去伺察敌人的动静，给士卒们订立守约说："匈奴进入境内侵扰时，赶快进入堡垒，收畜产自行保卫。有敢去与匈奴交战的就处斩！"匈奴每次入侵，烽火准确报警，军队就进入营垒收畜产自行保卫，不与匈奴交战。

就这样过了几年，人畜都没有伤亡损失。匈奴都以为李牧胆怯，就是赵国驻边境的兵士也以为自己的将领胆怯。赵王责备李牧，李牧照旧坚持以往的战法。于是赵王派了别人去代替李牧守边。一年多的时间，驻边的赵军多次出战，不能战胜匈奴，人畜多有逃亡损失，边境上不能耕作放牧。无奈，赵王只好又来请李牧出任守边将领，李牧以生病为借口闭门不出。赵王强令起用他，李牧说："大王如果一定要任用我为将领，我只能像以前一样，才敢接受你的任命。"赵王答应了李牧的要求。

李牧到了边境，按他过去的方法约束军队。匈奴连年入境没能得到好处。守边士卒每天都得到赏赐却不用他们去作战，他们都希望出战。李牧见时机成熟了，于是便精心备置战车 1300 乘，战马 13000 匹，能够擒杀敌将得奖百金的战士有五万人，能够张弓射击的兵士有十万人，进行操练；纵放牲畜、人民遍布旷野中。匈奴前来进攻以探虚实，军民便假装失败逃跑，又将几千人放弃给匈奴。匈奴单于听到取得胜利，就大张旗鼓率领部众进攻。李牧布设了许多奇阵，把匈奴打得大败，杀死匈奴骑兵十余万人。灭了襜褴部族，打败了东胡族，使林胡部族投降。单于失败，仓皇逃走，十多年不敢再接近赵国的边境。

处世活用

一架飞机在山谷里失事了！

许多电台记者拥向山谷，希望能抢先报道这件事情。但是，当大部分记者面对没有电话的现场而干着急的时候，一位广播电台的记者却做了连续十几分钟的独家现场报道。

山谷离市镇很远，只有一部电话能够与外界联系。这位记者一来到这里，大致“巡视”了当地各种基本情况，了解到只有一部电话能与外界联系这一关键信息之后，在自己到现场之前，就先请司机占据了附近唯一的电话。等他做好现场报道的录音，跑到电话旁边，马上将录音机交给司机，通过电话对全国听众做了报道。

这位记者掌握了报道整个事件的最重要、最紧缺的资源，凭着这部唯一的电话机与外界联系，所以在报道时能够领先一步，取得了成功。其他的记者却因这有限的资源被人占据，束手无策，受制于人。

多数时候，资源与机会并不是可以无限制地按需行事，而是有限且紧缺得很，这就需要我们快人一步，抢先出手去占有这有限可贵的东西。这也就是先下手为强的道理。正所谓先发制人，后发制于人。

善守者藏于九地之下，善攻者动于九天之上，故能自保而全胜也。

兵家活用

“善守者藏于九地之下，善攻者动于九天之上，故能自保而全胜也。”孙子的这种“自保而全胜”的思想，贯穿于《孙子兵法》的全书，为后世兵家所继承。比如，《六韬》中说：“全胜不斗，大兵无创。”清太祖努尔哈赤也说过：“当征战之际，最上者，莫过于不损己兵，而能胜敌者也。”

为了“自保而全胜”，关键在于战略战术的灵活和指挥的得当，要能做到攻守兼备。进攻虽然是夺取胜利的手段，但也不能不顾主观条件而片面地强调进攻，同样，也不可片面地强调防御，一切行动要以时间、地形为转移。

公元 430 年（南朝宋文帝元嘉七年）冬，宋国派兵北上伐魏，诸军受挫，相继南撤。魏军乘势南下，兵临历城（今山东省济南市）。防守历城的是宋国历城太守萧承之，当时他手下只有几百人。面对强大的魏军主力，一些守城官兵不禁大惊失色。太守萧承之却从容不迫，下令偃旗息鼓，大开城门。部下对此大惑不解，以为敌众我寡，如此一来，只能是自取灭亡。萧承之却认为当时敌众我寡，情势危急，如果向敌人示弱，敌人势必乘势攻城，后果将不堪设想。所以唯一的办法就是向敌人示强，或许还有一线生机。萧承之大开城门之后，魏军见历城城门大开，以为宋人设有埋伏，不敢贸然入城，后犹豫一番，引兵退去。

历城守将萧承之在大军攻城之时，临危不惧，权衡利弊，果断下令大开城门迎敌，上演了一场名副其实的“空城计”，不仅保全了自己而且战胜了敌人。当然他这样做是十分危险的，可是在当时的情况下，这也许是最好的出路。事实证明，萧承之的做法使他与全体将士“自保而全胜”。

处世活用

“攻”和“守”是两种基本的态势。无论是采取“攻势”还是采取“守势”，都要根据自己的实力和具体情况采取相应对策。实力强大，具备胜利的条件，就要果断进取；实力不足，不具备胜利的条件，就要耐心等待，以保存实力，寻求战机。但无论是攻还是守，最终的目的只有一个，那就是要保护自己。

《斯巴达克斯》里有这样一个情节：斗士斯巴达克斯一次与三人角斗，为了避开三人联合攻击，就佯装敌不过对方，拔腿就跑，三个对手穷追不舍。等到对方三人追赶一段路程，彼此拉开一定距离后，斯巴达克斯便各个击破。这样，既保全了自己，又打倒了对手，可谓大获全胜。

善战者之胜也，无智名，无勇功。

兵家活用

孙子强调，无形的胜利才是善中最善。所谓无形，并非一无所有。它是指在胜负征兆显现之前就能预见到胜利，并于众人不知不觉之中，轻而易举地获得胜利。这样的胜利，表面上看，没有激战的勇功，没有智谋的名声，甚至人们都不知晓，而实际上这正是“善之善者也”。

李渊是唐朝的开国皇帝，他在隋王朝被农民起义浪潮冲击得四分五裂的时候，洞察形势，顺应民心，率先起兵，消灭了隋朝，建立了中国历史上空前强大的唐王朝。李渊之所以能演出这样一幕威武雄壮的历史活剧，与他杰出的政治谋略和军事谋略分不开。

李渊在起兵过程中，其政治谋略与军事谋略都高人一筹。在政治谋略方面，首先，北方突厥这时已很强大，东自契丹、室韦，西到吐谷浑、高昌等国均臣附之。凡北方起兵者，如刘武周、郭子和、梁师等无不依靠突厥而自立。李渊不北联突厥，其兵力，尤其是骑兵力量不足，而且进军关中时，其后方可能受到突厥和刘武周的袭击。因此，他遣使卑辞厚礼向突厥称臣，又许愿：夺取长安后，“财帛金宝入突厥”。由于他采取了这一政治谋略，突厥答应发兵数百送李渊入关，并选良马千匹与李渊互市。这就使其背后的军阀刘武周不敢贸然南下，后方基地安然无恙。

其次，李渊以“安隋匡乱”为起兵的旗号。当时，虽然群雄并起，盗贼如毛，但隋的兵力仍然较强。隋炀帝在江都发号施令，各方大将仍然遵其约束，不敢有二心。李渊是国戚，若不以尊隋为号召，则隋之官员视其为叛逆，就会失去政治上的优势。因此，他在隋炀帝被杀前，一直尊杨广为太上皇，以麻痹隋王室，争取忠于隋王朝的各股力量，减少敌对势力，取得了政治上的主动。

在军事谋略方面，首先扩大军队，注意军纪。李渊为了进取关中，利用人民对隋王朝的不满，让刘文静假造杨广的诏令，征太原、西河、雁门、马邑四郡二十到二十五岁的人当兵。接着，以反对刘武周南下的名义，四处招兵。由于采取了这些措施，李渊进取关中，就有了一支比较有战斗力的军事力量。

经过七年征战，李渊带领儿子李世民及众大将灭了隋朝，统一了全国。从此，大唐号令，行于天下。

从历史上通观李渊起兵灭隋，谋求统一的整个战略指导和运用，足见其不仅是一个大政略家，也是一个杰出的战略家。但史家大都以李世民之赫赫战功称道，使李渊的才能谋略被埋没于纸堆中。有人以孙子“善战者之胜也，无智名，无勇功”形容李渊，以孙子“百战百胜，非善之善者也”形容李世民，不无道理。

处世活用

“善战者之胜也，无智名，无勇功”启示的人生哲理是：人生大胜无智无勇；人生大胜是大智若愚，大勇若怯。大智若愚的“愚”，意为看似无智，看似愚钝，没有传颂智慧的名声；大勇若怯的“怯”，意为没有激昂，没有张扬，没有显赫勇武的战功。

然而，这是境界，是老到，是高手，是睿智，是无形，是入神。正如俗话所说：“良贾深藏若虚。”有实力的经营者往往深藏不露，看不出气势凌人之处；有潜力的大赢家常常凡人俗相，看不见眉飞色舞的样子。

大智若愚，在外表的愚笨之下，隐含无限巧计，如同大巧无术一般，愚的后面隐含着大彻大悟、大智大慧。大智若愚，藏锋露拙，实在是一种智者的行为，用以修身养性，则是一种智慧人生；用来待人处事，则是一种智慧之术。

常言道：木秀于林，风必摧之；堆出于岸，流必湍之。如果一个人锋芒毕露，多半会遭到别人的嫌恨和非议。在整个自然界中，各种昆虫被人们视作最无能、任人宰割的生命。殊不知，昆虫自有一套避凶趋吉的妙法，这就是他们的保护色和伪装术。例如，变色龙的身体颜色会随着环境的颜色而改变；竹节虫爬附在树枝上如同竹节一般，以此来骗过天敌的眼睛；枯叶蝶在遇到天敌时会装成枯黄的树叶，它的天敌不会想到这枯黄的树叶竟然是它苦苦寻找的美味；还有的动物遇到危险时装死以迷惑敌人。在人们看来，这些方法未免太低级了，可是正是这些看似低级的方法使许多动物种群得以生存和繁衍。

中国古代，皇帝跟前的王公大臣，稍有不慎，便有性命之忧，时时刻刻都在战战兢兢，如临深渊，如履薄冰。在这种情况下，大智若愚的人才能独保其身。商纣王在历史上是个有名的暴君，终日饮酒作乐，不理朝政，竟然弄不清年月日，问左右的人也都说不清楚。纣王又派人问箕子，箕子是很清醒的人，他知道这件事后，悄悄对自己的弟子说：“做天下的大王而使国家没有了日月概念，国家就危险了。而一国的人都不知道时日，只有我一个人知道，那么我也就很危险了。”于是箕子也假装酒醉，推说自己也不知道今天是几月几日，因此而幸于保命。

大智若愚，不仅是一种自我保全的智慧，同时也是一种实现自己目标的智慧。俗语说“虎行似病”，装成病恹恹的样子正是老虎吃人的前兆，所以聪明不露，才有任重道远的力量。这就是所谓“藏巧于拙，用晦而明”。现实中，人们不管本身是机巧奸猾还是忠直厚道，几乎都喜欢不会弄巧的人，因为这样的人不会对对方造成巨大的威胁，会使人放松戒备。所以，要达到自己的目标，没有机巧权变是不行的，但又要懂得藏巧，不为人识破，也就是“聪明而愚”。

大智若愚并非让人人都去假装愚笨，它强调的是一种处世的智慧，即要谨言慎行、谦虚待人，不要盛气凌人。这并不是一种消极被动的生活态度。倘若一个人能够谦虚诚恳地待人，便会得到别人的好感；若能谨言慎行，更会赢得人们的尊重。

胜兵先胜而后求战，败兵先战而后求胜。

兵家活用

“胜兵先胜而后求战，败兵先战而后求胜”是寓意深刻、富含哲理的军事格言。“先胜”连着“求战”，可缩略成“先胜求战”；“先战”连着“求胜”，可缩略成“先战求胜”。孙子为什么不说“先胜求胜”“先战求战”呢？其中可看出孙子对谨慎的重视，看出孙子对败兵失败原因的深刻揭示。首先，使自己不被敌人战胜，使自己立于不败之地，使自己具备了取胜条件，在这种有利的态势下，孙子不说“必胜”，也不说“求胜”，却告诫人们“求战”，一是说明孙子对“战”的迫不得已，二是说明孙子对取胜因素认识的深刻全面，三是说明孙子的谨慎和进取精神。孙子认为，这样的军队才是“胜兵”。自己还没有把握不被敌人战胜，自己还没有立于不败之地，自己还没有完全具备胜利的条件，在这种不利的态势下就侥幸地“先战”了，然后企图“求胜”，这里孙子不用“求战”等词句而恰恰用“求胜”一词，淋漓尽致地刻画出了“败兵”的“败形败态”，孙子认为，这样的军队就是“败兵”。

常言道：“狡兔有三窟，军师有三策。”军事谋略上，许多将领的智囊，也就是军师运筹帷幄，列阵交战，常常考虑到多种可能，准备好几套方案，通常称为上、中、下三策。在可能的情况下，首先争取代价小、战果大、对战争全局有决定性影响的上策；上策行不通，就采取经过努力争取能够获得成功的中策；倘若情况骤变，实行中策已无希望，尚有下策即退兵防守。这“三策”，包含着朴素的军事辩证法思想，表现了军师在战争指导上的系统思想观念。

三国时，庞统在鲁肃、诸葛亮的推荐下，做了刘备的副军师。刘璋为了巩固他在四川的统治，请刘备去助他一臂之力。待刘备入川后，前线传来曹操率兵南下、孙权打算进犯荆州的消息，刘备坐卧不安，向刘璋讨救兵，前去解荆州之急。但刘璋只是打发四千名老弱兵卒，一万斛米助刘备。刘备十分生气，一时没了主意。庞统说：“现在我有三条计策，请你自己选择定夺。”

刘备仿佛在黑暗中见到一丝光亮，忙问庞统是哪三条。

庞统说：“第一条是来个一不做二不休，现在就选精兵，昼夜兼程直袭成都，此是上策；第二条是主公假装领兵回荆州，路过涪城，西川守将杨怀、高沛必来相送，相机将二人擒杀，夺下关隘，然后再兵进成都，此是中策；第三条是即刻偃旗息鼓，退还白帝城，然后回荆州，再作打算，这是下策。倘若三条都不听，只是死守在此，一旦事变，不可救也。”

庞统在这里，为刘备提出了三个行动方案：一是直取成都，二是取涪城，三是回荆州。但是真要回荆州实际上是无计可施，算不上计谋。结合《三国演义》来看，刘备入川，就是为了夺取蜀川之地，杀死刘璋。此时，庞统出的计谋，在“逆取顺守”策略指导下，本来是以刘璋初来涪城，迎接时袭杀为上策的，而劝刘备从葭萌关取成都为中计，自葭萌关取涪城只是下策。

刘备听了军师这番话后，沉思良久，说：“军师上策过于仓促，下策又太慢，中策不徐不疾，就按中策行事吧！”这里刘备取的中策，还只是庞统的下策。但是，看起来刘备取了下策，实际上又是上策。

刘备依庞统之计行事，杀掉了杨、高二将，夺得涪水关，以作为进川之前哨，不久就向成都进发，彻底夺得刘璋的地盘，做了蜀中王。

处世活用

孙子“胜兵先胜而后求战，败兵先战而后求胜”的思想，也是人生指导的重要原则。学业、事业、功业，恋爱、婚姻、家庭，待人、接物、处世，凡事皆需“先胜求战”，谨慎对待。这当然不是反对冒险创新，而是因为“先胜求战”乃立身之本。

世上的事情都有一个恰到好处的分寸。因此，有一分谨慎就有一分收获，有一分疏忽就有一分丢失。

战国时，秦国国富民强，气势最盛。秦武王以为从此可高枕无忧，便以骄色示人。一谋士见势不妙，便进言提醒武王道：“诗曰，‘行百里者半九十’，指的是把持到最后关头的困难。今天的霸业是否能成，还得看各方诸侯是否出力，然而大王现在就沾沾自喜，以骄色见人，而忽视图霸的准备，若让他国知道了，受诸侯攻击的恐怕非楚而秦了。”

秦武王虽精于政治，其霸业也只维系了短短的四年。可见他没有听进谋士的忠言，在成功以后就松懈了下来。

唐太宗李世民是一位办事谨慎的人。唐太宗常对左右说："治国之心犹如治病。病人希望尽快痊愈，求医心切。如果病人能认真听从医生的嘱咐，配合治疗，病就痊愈得快，反之，恐怕就要使病情恶化，甚至丧命。治国也是同理，要想保持天下安定，就得事事谨慎，若在关键时候有所疏忽，必招亡国之祸。现在天下的安危全置于我一人肩上，因此，我要慎重地警惕自己，我还需检点自己的言行，加紧努力。但是，只靠我一人是难有作为的，希望你们能做我的耳目，发现我有所过失，请直言无妨，君臣之间如有疑惑而不说，对治国是极其有害的。"唐太宗如此开明，才引出善于进谏的魏徵；以这种态度施政，才出现了历史上有名的"贞观之治"。

要想万事顺利，就要顺风满帆不掉以轻心，以"安全驾驶"的姿态去把握最后关头。

势　篇

“势”者，“形”之象也。“形”是运动的物质，“势”是物质的运动。“形”是客观物质力量的积聚，“势”是主观能动作用的发挥。孙子曰：“战势不过奇正。”“凡战者，以正合，在奇胜。”

“正”是情理之中，而“奇”是意料之外，将“正”与“奇”有机地结合起来，就会形成强不可挡的“兵势”！

原文

孙子曰：凡治众如治寡，分数是也；斗众如斗寡，形名是也；三军之众，可使必受敌而无败者，奇正是也；兵之所加，如以碫投卵者，虚实是也。

凡战者，以正合，在奇胜。故善出奇者，无穷如天地，不竭如江河。终而复始，日月是也；死而复生，四时是也。

声不过五，五声之变，不可胜听也。色不过五，五色之变，不可胜观也。味不过五，五味之变，不可胜尝也。战势不过奇正，奇正之变，不可胜穷也。奇正相生，如循环之无端，孰能穷之？

激水之疾，至于漂石者，势也；鸷鸟之疾，至于毁折者，节也。是故善战者，其势险，其节短。势如彍弩，节如发机。

纷纷纭纭，斗乱而不可乱也；浑浑沌沌，形圆而不可败也。

乱生于治，怯生于勇，弱生于强。治乱，数也；勇怯，势也；

强弱，形也。

故善动敌者，形之，敌必从之；予之，敌必取之。以利动之，以卒待之。

故善战者，求之于势，不责于人，故能择人而任势。任势者，其战人也，如转木石。木石之性，安则静，危则动，方则止，圆则行。故善战人之势，如转圆石于千仞之山者，势也。

译文

孙子说：要做到管理大部队如同管理小部队一样，这是军队的组织编制问题；要做到指挥人数多的部队，像指挥人数少的军队一样，这是指挥号令的问题；全国军队之多，要使其如果遭受敌人进攻而不失败的，这是“奇正”的战术变化问题；军队进攻敌人，要能像用石头打鸡蛋一样，所向无敌，这是“避实就虚”的正确运用问题。

但凡作战，一般都是以正兵当敌，用奇兵取胜。所以善于出奇制胜的将帅，其战法变化就像天地那样变化无穷，像江河那样永不枯竭。终而复始，像日月运行一样；死而复生，像四季更替一般。

声乐不过五种，然而五种声音变化，却会产生出听不胜听的声调来；颜色不过五种，而五种颜色的变化就看不胜看；味道不过五种，然而五种味道的变化就会产生尝不胜尝的滋味来。作战的战术阵势，不过“奇”“正”两种，然而“奇”“正”两种的变化就无穷无尽。“奇”“正”相互变化，就像顺着圆环旋转一样，无头无尾，谁能穷尽它呢？

湍急的流水飞快地奔泻，能使石块漂移，这是由于水势强大；雄鹰迅飞搏击，能捕杀鸟兽，这是由于节奏恰当。所以善于指挥作战的人，进攻时态势险峻，掌握的行动节奏是短促而猛烈的。险峻的形态就像张满的弓弩，急促的节奏就像触发弩机。

在旌旗纷纷，人马纭纭的混乱状态中作战而指挥自己的部队不发生混乱，在浑浑沌沌、迷迷蒙蒙的复杂形势下作战，必须把部队部署得四面八方都应付自如，使敌人无隙可乘，无以胜我。

在一定条件下，“乱”可以由“治”产生，“怯”可以由“勇”产生，“弱”可以由“强”产生。严整混乱，这是组织编制指挥的问题；勇敢、怯懦，是态势好坏、破敌之势的问题；强大、弱小，是军事实力的问题。

善于调动敌人的人，用假象迷惑敌人，敌人必然会上当；用小利引诱敌人，敌人必然会来夺取。以小利引诱调动敌人，以伏兵待机破敌。

善于指挥作战的人，他的注意力总是在“兵势”上，而不责成部属，因而他能选择将帅去造成有利于破敌的态势。善于造成有利态势的将帅指挥部队作战，就像滚动木头和石头一样。木头、石头的特性是放在安稳平坦的地方就比较稳定，放在陡险倾斜的地方就滚动，方形的静止不动，圆形的滚动灵活。高明的将帅指挥部队与敌人作战时所造成的有利态势，就好像圆石从几千尺的高山上往下飞滚一样，不可阻挡，这就是“势”。

名家注解

曹操曰：用兵任势也。

李筌曰：陈以形成，如决建瓴之势，故以是篇次之。

王皙曰：势者，积势之变也。善战者能任势以取胜，不劳力也。

张预曰：兵势已成，然后任势以取胜，故次《形》。

（按：本篇篇题，汉简本作《“埶”》，“埶”为“势”之古字；武经本作《兵势》。）

谋略精解

本篇与上一篇之间有着密切的内在联系，是接着上一篇的主旨，论述“攻守”战术，详细讲解了“形”与“势”之间的不同。“形”指的是运动的物质，“势”则指物质的运动，可以说，“形”是基础，“势”则是结果，“形”是有显露的端倪，而“势”则是现象之下隐藏的必然趋向。

物质之“形”是客观存在，运动之“势”则可以主观造就，有了军事实力之“形”，还需有善于造势、用势的出色指挥官，否则，优势实力便不能化为必然胜利之“势”。将帅的主观能动性，对于战争的胜负来说，至关重要，所以孙子先在《形篇》中讲述了军事实力的重要性和对客观条件的有效利用，强调客观物质力量的积聚，又继而在《势篇》中着重论述战争指挥者的“治”“斗”“变”与“任势”，即造势与用势，强调的是主观能动作用的发挥。

《势篇》论述的主要问题，是战争结果是由将帅们战术原则的运用和必胜态势造成的。

首先，用兵作战时，将帅想要充分发挥自己的主观能动性，使军队的实力得到最大限度的运用，就必须掌握好四个环节：“分数”“形名”“奇正”“虚实”。“分数”就是部队的组织编制，这是治理全军、统率兵众的关键，如果编制有序，组织严密，部队的管理就能轻松自如，因此孙子把“分数”排在第一位。“形名”就是部队通风报信的能力，目之可见为形，此处指表示用于联络的旌旗；耳之所听为名，此处指传达进退命令的金鼓号角。指挥者的意图能否顺利传达、部队能否及时调度，靠的就是“形名”，这直接关系着战局的进行和胜败，所以居次位。“奇正”是用兵的战术及其变化。正面迎敌为正，侧面袭击为奇；明攻为正，偷袭为奇；按常规作战为正，采用特殊战术为奇。“奇正”战术的正确使用和灵活变化，是军队遭到敌人攻击而不被打败的成功诀窍。最后是“虚实”，就是指行军作战要善于避实击虚，造成以实击虚、以石击卵的绝对优势，这正传承了《形篇》中讲到的，“胜于易胜者”“胜已败者也”。

总体来说，想要取胜，就要有严密的组织体系、畅通的指挥通信系统、奇正结合且灵活机动的战术和正确的主攻方向，四者有着严密的逻辑联系和逻辑顺序，必须紧密配合，才能把胜利由可能变成现实。

凡战者，以正合，在奇胜。

兵家活用

作战中战术上应该做到出奇制胜，以实击虚，创造必胜条件。

历史上，以实击虚、出奇制胜的事例很多。明太祖朱元璋去世后，朱允炆即位。同年，燕王朱棣以“清君侧”为名举兵造反，燕军与建文帝的官军展开了两年多的拉锯战，双方各有胜负。尽管朱棣身先士卒，出生入死，但他所攻占的城镇，撤军后又很快被官军夺去。总之，形势对他十分不利。为此，朱棣忧心忡忡。就在这时，一名朝廷贬官前来投靠朱棣，报告都城空虚，朱棣的心腹道衍同样从北平城派人送来书信，建议朱棣攻打京城。朱棣绝路逢生，喜出望外。他避开与建文帝的官军正面作战的战场，破釜沉舟，远袭京师，不到五个月就攻到了长江北岸，与京师仅一水之隔。建文帝未料到燕王会有此举，大兵全已派出，京城无力防卫，只好向朱棣请求割地以求和，朱棣胜券在握，不肯罢休，挥师过江，一举攻下京城，这就是历史上的靖难之役。

燕王出奇制胜，以实击虚的战略不仅让他反败为胜，而且让他夺得了皇帝的宝座。

处世活用

《孙子兵法》中说："以正合，以奇胜。"在战争中，"正合"代表的是正面交锋，以实力和策略的合理运用来对抗敌人；"奇胜"则代表出其不意，通过灵活的创新和独特的视角来取得胜利。这个原则在日常工作、办事、交流、沟通中，就是要求运用想象力，打破常规，突破固定思维，不再固守经验。

有这样一则故事：在一家公司里，总经理总是对新来的员工强调一件事："谁也不要走进 8 楼那个没挂门牌的房间。"他没有解释原因，也没有员工问为什么，他们只是牢牢地记住了这个规定。

又有一批新员工来到公司，总经理重复了上面的规定。这次有个年轻人小声嘀咕了一句："为什么？"

"不为什么。"总经理满脸严肃地说，依旧没有任何解释。

回到岗位上，年轻人在思考着总经理的这个令人费解的规定，其他人劝他别瞎操心，遵守这个规定，干好自己的工作就行了，但年轻人却执意要进入那个房间看个究竟。

他轻轻地敲了一下门，没有反应，再轻轻一推，虚掩的门开了，只见屋里有一个纸牌，上面写着——把这个纸牌送给总经理。

闻知年轻人擅闯"禁区"的同事劝他赶紧把纸牌放回房间，他们会替他保密的，但年轻人拒绝了，他拿着纸牌走进了 15 楼总经理的办公室。

当他把那个纸牌交到总经理手中时，总经理宣布了一项惊人的决定——"从现在起，你被任命为销售部经理。"

“就因为我拿来了这个纸牌吗？”年轻人诧异地问。

“对，等这一刻我已经等了快半年了，相信你能胜任这份工作。”总经理自信地说。

果然，销售部在年轻人的带领下，工作搞得红红火火。

这个例子说明勇于走进某些禁区，打破条条框框的束缚，敢为天下先，会找到意想不到的机会。因循守旧、维持现状的人，过的只能是普普通通的生活。

抑制想象力的还有一个重要因素：经验。

囿于经验不敢创新的人我们称之为“先例的奴隶”，因为他们把困难当作不可能，总是在说“这不会做，那不可能”，殊不知，世界上哪一件新事物的出现不应归功于古往今来的先例破坏者呢？现代人生活中的种种安适、便利、奢华、幸福，又有哪一件不曾经是这些先例的破坏者脑海中的产物？

固守经验，有时候非但无益，还会害人性命。

一艘远洋海轮不幸触礁，葬身海底，9名船员幸免于难，他们登上了一座孤岛。岛上除了石头，别无他物，没有食物充饥，更严重的是，没有淡水。尽管四周都是海水，可谁都知道，海水又苦又涩又咸，根本无法饮用。在炎炎烈日下，每个人的嗓子都像冒了烟，他们只能盼望老天爷下雨，或者别的船只搭救。等啊等，没有下雨的迹象，也没有任何船只的踪影。有8名船员最终坚持不住，纷纷渴死在孤岛上。

当最后一名船员快要渴死的时候，他实在忍不住扑进海水，奇怪的是，他一点儿也感觉不到海水的苦涩，相反觉得海水甘甜清爽，非常解渴。他想：这也许是临死前的幻觉吧。于是便躺在岛上，静静地等着死神的降临。当他醒来时，发现自己只是睡了一觉，并没有死。于是他每天靠喝岛边的海水度日，终于等来了救援的船只。后来人们对这里的水进行分析才发现，这儿有地下泉水不断翻涌，所以岛边的海水实际上是甘甜可口的泉水。

“以正合，以奇胜”，敢于突破“经验”，才有生存和成功的希望。

故善战者，求之于势，不责于人，故能择人而任势。

兵家活用

历史上，由于选人不当，用人失策而失势造成兵败的例子数不胜数。公元211年（东汉建安十六年），割据一方的马超、韩遂等人合兵十万据守潼关，曹操率军前去征伐。曹操在潼关与马超对峙，表面上以大军牵制马超主力，暗中却派精兵悄悄渡过黄河。紧接着，曹操主力也顺利西渡黄河，向南推进。马超退守渭水，曹操设疑兵表示准备撤军，暗地里则派人修桥渡过渭河，且加紧修筑营垒。马超率军乘夜攻营，曹操设伏兵歼之，马超进退两难，向曹操求和。曹操假装同意，趁机离间马、韩联盟，马超的力量进一步削弱。曹操乘势力败马超。

曹操与马、韩联军会战初期并不占优势，不过曹操并没有就此罢兵，而是利用各种计谋积极创造有利条件，为自己营造了一系列的有利态势，等到时机成熟之时，全线出击，大败马超。曹操面对最初不利战况，“求之于势”，变劣势为优势，是一位名副其实的善战者。

处世活用

优秀的谋略家总是善于创造对自己十分有利的政治态势，而绝不会一味地对下属求全责备。作为一名掌权者，一定要善于择人任势。

曹操能够成就霸业，和他善于造势与善于用人是分不开的。曹操不理会董昭之召，从长安东逃，在陈留结识了孝廉卫兹。卫兹非常有谋略，而且讲究节操，因此备受曹操器重。曹操曾多次登门拜访卫兹，和他共商天下大事。

卫兹动员曹操要抓住时机发动起兵，成就霸业，他还拿出家财来帮助曹操招兵买马，为曹操起兵起了重要的推动作用。这时，曹操在谯县的宗族、宾客、部属也纷纷加盟，其中就有曹仁、曹洪、夏侯惇、夏侯渊等各位贤才。后来他们都成了曹操的心腹将领，跟随曹操南征北战，创下了赫赫战功。

后来，曹操欲“挟天子以令诸侯”时，遇到许多麻烦，又多亏董昭、钟繇等人的及时帮助才得以闯过难关。看到曹操十分爱惜将才，董昭、钟繇后来也陆续加入曹操的队伍中，他们同样为曹操成就霸业贡献了一份不可或缺的力量。

可以说，如果曹操不注重利用贤才，在那个群雄逐鹿的时代里，他肯定是成就不了一番霸业的。曹操成功的原因是多方面的，但他善于“择人而任势”则是其中的重要原因之一。

虚实篇

虚实二者迥异，然为兵法所用又归于统一；作战必须支配敌人，而不被敌人所支配。

行军作战要避实击虚，这样就能将自己的兵力最大限度地发挥出来，取得主动权。

“假作真时真亦假”，在一定条件下虚与实也是可以互相转化的，用兵的规律像水的流动，不是固定不变的。

原文

孙子曰：凡先处战地而待敌者佚，后处战地而趋战者劳。故善战者，致人而不致于人。

能使敌人自至者，利之也；能使敌人不得至者，害之也。故敌佚能劳之，饱能饥之，安能动之。出其所不趋，趋其所不意。

行千里而不劳者，行于无人之地也；攻而必取者，攻其所不守也。守而必固者，守其所不攻也。

故善攻者，敌不知其所守；善守者，敌不知其所攻。

微乎微乎，至于无形；神乎神乎，至于无声，故能为敌之司命。

进而不可御者，冲其虚也；退而不可追者，速而不可及也。故我欲战，敌虽高垒深沟，不得不与我战者，攻其所必救也；我不欲战，画地而守之，敌不得与我战者，乖其所之也。

故形人而我无形，则我专而敌分。我专为一，敌分为十，是以十攻其一也，则我众而敌寡；能以众击寡者，则吾之所与战者，约矣。吾所与战之地不可知，不可知，则敌所备者多；敌所备者多，则吾所与战者，寡矣。

故备前则后寡，备后则前寡，备左则右寡，备右则左寡。无所不备，则无所不寡。寡者，备人者也；众者，使人备己者也。

故知战之地，知战之日，则可千里而会战。不知战地，不知战日，则左不能救右，右不能救左，前不能救后，后不能救前，而况远者数十里，近者数里乎！

以吾度之，越人之兵虽多，亦奚益于胜败哉！

故曰胜可为也。敌虽众，可使无斗。

故策之而知得失之计，作之而知动静之理，形之而知死生之地，角之而知有余不足之处。故形兵之极，至于无形；无形，则深间不能窥，智者不能谋。

因形而措胜于众，众不能知。人皆知我所以胜之形，而莫知吾所以制胜之形。故其战胜不复，而应形于无穷。

夫兵形象水，水之形，避高而趋下，兵之形，避实而击虚。水因地而制流，兵因敌而制胜。故兵无常势，水无常形。能因敌变化而取胜者，谓之神。

故五行无常胜，四时无常位，日有短长，月有死生。

译文

孙子说：凡先占据战场迎战敌人的就安逸从容、主动，后到达战场仓促应战的就疲劳、被动。所以善于指挥作战的人，总是能调动敌人前来而不被敌人调动。

能使敌人自动上钩的，是用小利引诱的结果；能使敌人不能进入我方防区范围的，是以利害威胁的结果。敌人休息得好，就要设法使他疲劳；敌人给养充足，就要设法使他饥饿；敌人驻扎不动，就要使它调动。出兵指向敌人无法援救的地方，行军于敌人意料不到的方向。

行军千里而不疲劳，是因为走的是没有敌人阻碍或防守不严的地区。进攻之所以能得手，是因为进攻的是敌人不注意防守或不易守住的地方；防御之所以能稳固，因为扼守的正是敌人不敢攻或不易攻破的地方。

所以善于进攻的人，使敌人不知道怎么防守，善于防守的人，使敌人不知道怎么进攻。

微妙呀，微妙到看不出一点形迹；神奇呀，神奇到听不出一点声息。正因如此能成为敌人命运的主宰。

进兵时，而使敌人不能抵御的，是因为冲向敌人防守空虚的地方；撤退时使敌人无法追击的，是因为行军速度很快，敌人追赶不上。所以我军要想交战，敌人即使高垒深沟坚守，也不得不脱离阵地与我军交战，是由于进攻的是敌人所必救的地方；我军若不想交战，虽然划地防守，敌人也无法和我交战，是因为我军设法诱使敌人改变了进攻方向。

所以，用示奇正之形于敌人的办法欺骗敌人，使敌情暴露而我情不露痕迹，我军的兵力集中而敌人的兵力分散；我军兵力集中在一处，敌人兵力分散在十处，这样我就能用十倍于敌人的兵力去攻击敌人，造成我众敌寡的有利态势；能做到以众击寡，那么我军与敌人作战所用兵力就少了。我军所要进攻的地方敌人不知道，那么敌人要防备的地方就很多，敌人要防备的地方越多，兵力越分散，这样我军所要进攻的敌人就少了。

所以着重防备前方，后方的兵力就薄弱；着重防备后方，前方的兵力就薄弱；注意防备左翼，右翼的兵力就薄弱；注意防备右翼，左翼兵力就薄弱；这样处处防备，各处兵力就都薄弱。兵力之所以少，是因为处处防备，兵力充足，是由于迫使敌人处处防备分兵。

所以能预先知道同敌人交战的地点，预知交战的时间，这样就可以跋涉千里去同敌人交战。如果不能预知交战的地点，不能预知交战时间，那么就会左翼不能救右翼，右翼不能救左翼，前方不能救后方，后方不能救前方，更何况近的相隔数里，远的更是相距数十里，如何能应付自如呢？

以我之心忖度、推断，越国兵力虽多，对于决定战争的胜败又有什么裨益呢？

所以说，胜利是可以争取的，敌人兵力虽多，但可以使它无法用全部力量同我较量。

所以认真分析、判断敌情，以了解敌人作战计划的优劣长短，挑动敌军以求了解其活动规律，示形诱敌，以了解敌人所处地形是否有利，进行战斗侦察，以求探明敌人兵力部署的虚实强弱。所以虚实之形以诱敌的方法运用到极其极妙的程度，就能使人看不出形迹。看不出形迹，这样即使有深藏的间谍也无法窥察到我军的底细，再聪明的敌人也想不出对付我军的办法。

把根据敌情灵活运用示形而取得的胜利摆在众人面前，人们还是看不出其中的奥妙；人们都知道我取胜的战法，但是不知道我是怎样运用这些战术来取胜的。所以，每次战胜的策略、筹算都不是重复老一套的方式，而是根据敌情灵活运用变化无穷的。

用兵的规律像水的流动，水流动的规律是避开高处而流向低处；作战的规律是避开敌人雄厚的实力而攻击它的虚弱的地方。水因地势的高下而制约流向，用兵则根据敌人的变化而决定取胜方针。所以用兵作战没有固定的方法，就像水流没有固定的形状一样，能根据敌情的变化而夺取胜利的，才能叫作用兵如神。

所以说，五行没有哪个永远占据优势，四时轮回，没有哪个季节会固定不变，白天有长短，月亮有圆缺。

名家注解

曹操曰：能虚实彼己也。

李筌曰：善用兵者，以虚为实；善破敌者，以实为虚。故次其篇。

杜牧曰：夫兵者，避实击虚，先须识彼我之虚实也。

王皙曰：凡自守以实，攻敌以虚也。

张预曰：《形篇》言攻守，《势篇》说奇正。善用兵者，先知攻守两齐之法，然后知奇正；先知奇正相变之术，然后知虚实。盖奇正自攻守而用，虚实由奇正而见。故次《势》。

（按：本篇篇题，汉简本作“实虚”。）

谋略精解

孙子说：“兵无常势，水无常形。”《虚实篇》就是来论述作战中的虚实原则的。孙子对虚实的解释是这样的：虚，空虚，在作战中主要指兵力分散而薄弱；实，充实，主要指兵力集中而强大。虚实不仅指兵力的强弱，还包括主动与被动、有备与无备、整治与混乱、勇敢与怯懦、饱逸与饥疲等方面的因素。综合了各方面的因素，孙子科学地提出了“避实击虚”“出其所不趋，趋其所不意”“攻其所不守”的战术原则。“兵者，诡道也”，兵不厌诈，出奇制胜，是孙子军事思想的精华。然而，如何用诈？诈从何来？如何用奇？奇出何处？这一切都是需要深入研究、继续探讨的。《虚实篇》正是对这一问题的深入探讨。本篇特别强调了在客观军事实力的基础上，主观能动作用的创造性发挥。“致人而不致于人”“因敌而制胜”，是对《形篇》中把握攻守主动权和

《势篇》中奇正结合、出奇制胜思想的深化。

孙子在本篇中提到了一个非常重要的论点，就是以虚为实、以实为虚，借以引诱敌人、调遣敌人。在行兵作战中，关键所在是避实就虚，以实击虚，出其不意、攻其不守，最后克敌制胜。因此，虚实原则，便是用兵的根本原则之一，是保证战争胜利的法宝。

凡先处战地而待敌者佚，后处战地而趋战者劳。故善战者，致人而不致于人。

兵家活用

孙子在这里提出争取战争主动权的思想。“致人”，即调动敌人。让敌人按照我军的意图行事；“致于人”则是指被敌人牵制行动。孙子指出，在战争中，最重要的一点便是要掌握战斗的主动权，没有主动权，便会陷入被动、消极防御甚至处处挨打的境地。克敌制胜的关键是享有主动权，它贯穿于整个战争。

陈胜反秦揭竿起兵，遇到了以秦朝少府章邯为首的秦官军主力的顽强抵抗。这时，章邯已移师攻赵。陈军抵挡受挫，退至巨鹿。敌众我寡，不得不向楚怀王求援。楚怀王是项氏叔侄树起来的一面旗帜。陈胜被手下的庄贾杀死后，反秦力量群龙无首。于是，项氏叔侄找到了原楚怀王的孙子，把他作为自己的精神领袖，他也被称为楚怀王。此次援赵，楚怀王把这一使命交给了宋义和项羽，宋义为上将，项羽为次将，宋义在项氏叔侄那儿不过是个谋士，楚怀王怎么会把上将之重任交给他，而让项羽屈居于宋义之下呢？原来，在濮阳之战之前，宋义曾预言说项梁这支队伍骄气十足，而骄兵必败，果然被宋义不幸言中，项梁在那次战役中战死。项羽因为在进入关中以后大肆烧杀，颇失人心。再说，楚怀王也不愿使自己成为项氏的傀儡，便借此调度节制项羽。对此，项羽愤愤然却又无可奈何。

队伍按时开拔后，于中途莫名其妙地停驻下来。巨鹿前线急盼援兵，宋义却在途中连住46日，裹足不前。项羽忍不住入帐请战，却遭到宋义的奚落。眼看严寒将至，雨雪纷纷，士卒又冻又饥，宋义却高坐帐中，天天饮酒玩乐，军中对此颇多埋怨。

项羽听到士卒们对宋义的不满与日俱增，觉得时机成熟了。一天早晨，他大步来到宋义帐中。宋义正在洗漱，还没反应过来，便被项羽拔剑砍掉了脑袋。随后，项羽携首级出帐示众："宋义与齐私通，我奉怀王命令，已将他斩了。"还自称是上将军（代理上将），上报怀王。楚怀王明知项羽是夺取兵权，却奈何不得，只得传令项羽为上将军。

有了来之不易的兵权，下一步作战便只能胜，不能败，不然怎么体现项羽作为上将的力量呢？于是，项羽下了狠心，下令沉船，砸锅，烧屋，只带三天的军粮，与秦军决一死战，不胜不得生还。"破釜沉舟"的典故就来源于此。

军队置之死地而后生。到了这个份上，将士们明白已经没有退路，人人怀着必死的信念拼命杀敌。巨鹿之战，大败章邯为首的秦军主力。陈胜起义以来军事上的低潮终于被扭转了过来。以此为转机，出现了反秦武装乘胜追击、势如破竹的大好局面，秦朝被推翻指日可待。假如项羽不杀宋义，不把军事指挥权抓在自己的手里，肯定无法取得巨鹿之战如此辉煌的战果。

处世活用

西汉初年，汉朝继承秦朝律法，刑罚十分残酷。当时，有个名医叫作淳于意，被人诬告，按当时法律要被押送至京城长安执行“肉刑”（刺字、割鼻或砍去一只脚）。淳于意没有儿子，只有五个女儿，眼见父亲要被押送走，五个女儿哭作一团。淳于意心烦意乱叹道：“唉，生女不如生男，到了紧要关头却没有一个能帮我申冤的！”

淳于意的小女儿缇萦才十多岁，听到父亲的话后，心如针刺，她对四个姐姐说：“我陪父亲去长安，就是死，也要还父亲一个清白。”

缇萦收拾行李，跟随着父亲，一路上餐风饮露，十分艰辛，终于到了长安城。缇萦一到长安城就四处向人打探救父亲的办法，一位好心人被小缇萦救父的精诚之心所感动，对她说：“皇上曾经有令，百姓如有急难的事情不能解决，可以直接给皇上写信，若你父亲果真冤枉，为什么不试一试呢？”缇萦听后，谢过好心人的指点，立刻写了封十分诚恳的书信，亲自送到皇宫，请求守卫皇宫的卫兵转交给汉文帝。缇萦在信中写道：“我是淳于意的女儿，名叫缇萦。我父亲在齐地做官时，人人都称赞他廉洁奉公；后来，父亲行医各地，为人治病。父亲精通医学，深受称道，偶尔治不好的，那也是病人已不可医治，与父亲没有关系。如今，父亲被歹人诬告，被判处肉刑。我知道人一旦被处死是不会复生的，割掉的鼻子不能再长出来，砍掉一只脚，同样不能再接上，脸上被刺了字就破了相，以后，这个人想改过自新也办不到了，多么令人痛心啊！我是一个弱小的女子，甘愿入宫为宫婢，替父亲赎罪……”

汉文帝读完缇萦的信，为缇萦舍身救父的一片诚心所感动，又听说淳于意是个颇有名气的良医，于是下令免除淳于意的刑罚，随后，又下诏废除“肉刑”，以罚做苦工和打板子来代替。

缇萦力求主动，替父大胆“告御状”，不但救了父亲，还使天下的人都免除了“肉刑”的痛苦，被传为佳话。

故其战胜不复，而应形于无穷。

兵家活用

战争是难以穷尽的特殊“艺术”，蕴含着无穷的复杂因素。不论何种战争，战胜敌人的战法，从来都不是重复的。一位成功的将帅，能够驾驭规则与模式，但绝不会局限于某些规则与模式。每一次战斗都是独特的，都是从战斗的实际出发，不断创新与发展，绝不是僵化教条、生搬硬套或重复前人的模式。

英国前首相丘吉尔曾经指出：“最容易通向惨败之路的，莫过于模仿以往英雄们的计划，把它用于新的情况中。”孙子讲的“战胜不复”就是这个道理。战争中，一种新的谋略、新的手段、新的作战方式、新的武器装备等，往往可以达到出敌意外、出奇制胜的效果。人类战争史上，没有完全一样的战争，更没有完全相同的作战方法。

要获得胜利，指挥员必须善于根据发展变化的新情况、新问题，转变观念，运用新思维、制定新谋略、创造新战法。韩信背水设阵，破忌而创新，是以奇取胜；徐晃重复使用这一战法，因没有审时度势，错误判断敌我形势而失败。历史上一些著名的谋略，如“围魏救赵”“瞒天过海”“声东击西”等，之所以流传至今，常用不衰，是因为使用者的不断创新与发展。虽然是同一种战法，却因人、因事、因时而异。

公元196年，孙策发兵进攻王朗，以夺取中原。王朗军在固陵坚守防御，孙策从水上数次发动进攻都没成功。这时，孙静建议孙策说：“王朗凭借坚固工事防御，我们很难迅速攻打下来，查渎以南距离这里数十里，有一条重要的道路，最好从那里发起进攻，打他个措手不及。”

孙策认为言之有理，于是下令："最近阴雨绵绵，饮水污浊，士兵喝了多腹痛，赶快准备数百个水缸用来取澄清的饮水。"黄昏以后，又令士兵点起一堆堆的火，佯示部队仍然集中在这个方向。天黑以后，孙策偷偷转移主力，从查渎道路前进，突然袭击高迁屯。王朗惊慌失措，急忙派兵迎击，已无济于事，随即被打得大败。

处世活用

我们的生存方式，完全决定于我们的思考方式。如果我们想的都是伤感的事情，我们就会悲伤；如果我们想到一些可怕的情况，我们就会害怕；如果我们想的都是失败，我们就会失败；如果我们沉浸在自怜里，大家都会有意躲开我们……为了改变我们的生存方式，增加我们的成功资本，我们就要突破思维，换一种方式，去创造，去变革。

每个人身上都埋藏有"天分"的种子，一旦结束冬眠就会发芽，只是太多的人近乎遗忘了它。

你有没有想过，自己已有多长时间陷于日常事务而没有新发现了？也许你会无动于衷，这个世界已经安排得很好了，何必还要费心劳神地想办法改变它呢？也许你会沮丧，认为自己天生没有创造力。真是这样吗？当然不是！

其实，每个人自身都有一座宝藏，一座几乎被遗忘的宝藏，那就是人的头脑中的"创新天分"。头脑能思维，思维能产生创新，创新则能改变世界——内心世界和外在世界，认真挖掘这座属于你自己的宝藏，肯定会有意想不到的收获。

一位学生对老师说："我没有创造力。"

老师问："你晚上睡觉做梦吗？"

"当然做。"

“那么讲一个你认为最有趣的梦给我听。”

学生讲了许多稀奇古怪的梦：飞到了另一个星球，进入了时空隧道，见到了怪兽，等等。

老师问：“这些梦很有创意，是谁替你做的梦？”

“当然是我自己做的。”

“是你晚上睡着时做的吗？”

“是的。”

“那么白天上课时也这样做吧。”

就像故事中所说的，我们许多人在自己睡着的时候才叫醒创造力，醒来时却让它睡着了。

很多人说唤醒创造力很难。他们说：环境太普通了，不能创造。普通不过一团泥，“泥人张”却能用它捏出形态各异的人、物。他们说：生活太单调了，不能创造。单调无过于茫茫沙漠，而雷赛布在沙漠中开凿出了苏伊士运河。他们说：我太迟钝了，不会创造。可是鲁钝的曾参，承钵了孔子的道径。他们说：我生活困顿，无力创造。可是贫病交加的曹雪芹写成了旷世名篇《红楼梦》。可见，创造无处不在，无时不可。

唤醒创造力也并不难，前提是必须相信自己有创造力。接下来要做的就是多看、多想、多做。多看：看书、看报、看人；多想：换几个角度观察、思考问题，天马行空，培养自己的想象力；多做：打破日常生活格局、随时记录创新灵感、置身新的领域、化创意为行动。你会发现，自己也能成为创意天才。

夫兵形象水，水之形，避高而趋下，兵之形，避实而击虚。

兵家活用

世界上没有绝对的事物，而作为战争中对抗的双方，其强与弱、虚与实、优与劣等，也都是相对的。战争中的“虚”，主要指交战双方在指挥、谋略、兵力部署、武器装备，以及在战略战术等方面存在的弱点和失误。“避实击虚”就是避开敌方的锐气和长处，充分利用和专门打击敌人暴露出来的弱点和短处，这是战争中不论强者还是弱者都非常注重使用的重要原则。

精通“避实击虚”术的莫过于三国时蜀汉军事家诸葛亮了。他才华横溢，无所不精，尤其是在用兵上诡谲多变。他可以排“八卦阵”，不用一兵一卒，即可使十万敌军陷于死地；用“空城计”，谈笑间使城下敌军撤退；更为奇者，即便他死后，也曾将魏军统帅、著名的军事家司马懿给吓跑过，人称“死诸葛吓走生仲达”。由此可见诸葛孔明的智慧。孔明的“神”，就在于他擅长“避实击虚”。

他在蜀汉中后期多次向后主刘禅请缨，挥师北伐，志在恢复刘氏在中原的统治地位。他的战略布局是先全力进攻旧都长安，然后再捣毁曹魏老巢洛阳。从总局上看，这就是个大迂回战略，目的是尽量避免正面交锋，以运动战的方式，消灭敌人有生力量，然后再集中火力，打歼灭战。他的战略思想，经实际运用证明是正确的，若非误用马谡，以致街亭失守，魏氏政权的覆灭是指日可待的。当然，孔明也有失误。例如，蜀汉军占领了南郑以后，开始讨论下一步计划。其中，魏延献计，要求出奇兵袭击长安。他说：“只用五千精兵即可，先向襄中出发，沿秦岭东进，再从子午谷挺进长安，20天后，我们就可在长安开庆功会了。”

魏延建议的实质就是以空袭方式进攻强敌，这显然有悖于孔明的一贯战略。于是，孔明答道：“不，这样太危险！我们应该向敌人最弱的陇右进攻，既不用冒险，且全胜的把握很大！”便排斥了魏延的建议，仍采用大迂回的战术，结果不遂人愿。具有讽刺意味的是，若干年以后，邓艾以魏延式的战术，绕开了姜维的防线，率精兵五千，从所谓“死亡线”空袭了蜀汉老巢——成都，灭掉了蜀汉政权！可见，“避实击虚”也不可太教条。

处世活用

曾经协助丰臣秀吉统一全日本的大将军黑田孝高，善于用水作战，曾经用水攻陷了久攻不下的高松城。因此，在日本历史上有“如水”的别号。他曾经写过“水五则”，指出：自己活动，能推动别人的，是水。经常探求自己方向的，并随物赋形的，是水。遇到障碍物时，能发挥百倍力量的，是水。以自己的清洁洗净他人的污浊，有容清纳浊宽大度量的，是水。汪洋大海，能蒸发为云，变成雨、雪，或化雨为雾，又或凝结成一面如晶莹明镜的冰，不论其变化如何，仍不失其本性的，也是水。

水最重要的特点是它的灵活性，即对各种环境的适应性。有了这种灵活性，就可以在生活中少受挫折，就可以保证在任何艰难困苦的环境中生存下来。例如，著名的游击战术——“敌进我退，敌驻我扰，敌疲我打，敌退我追”，就是中国人灵活性的生动体现。水的另一特性是它的目的性，即“水向东南流”，条条江河归大海。尽管前途多艰，水总是无地不入，直至到达目的地。即使遇到最强烈的抵抗，也能“水滴石穿”“守柔曰强”，水的柔弱反而转化成了最锐利的武器。

上善若水，作为一种哲学的信念，就是教导人们，在生活中不要一味逞强好胜，不要急于求成。这种哲学的核心，是一切从实际出发，审时度势，随方就圆，从容不迫，寓刚于柔。这样，人就能在任何环境中进退自如，立于不败之地，最终实现自己的人生目标。

故兵无常势，水无常形。能因敌变化而取胜者，谓之神。

兵家活用

《孙子兵法》中以“兵形象水”的比喻，总结出了用兵的最高境界：“兵无常势，水无常形。”水没有固定的形状，随着所遇的地形、容器而呈现其形貌。用兵作战也是如此，应该像流水那样，居高奔泻而成势，千变万化无常形。

也就是说，用兵必须根据各种地形、时机、敌我双方的综合对比等情况，灵活善变，不拘一格。但是，自然界中的水总是避开高处而流向低处，是有规律可循的，用兵也有一个重要规律，这就是文中提到的“因敌变化而取胜”。可以说，“因敌变化而取胜”的思想是孙子兵法的精华之一。要做到“因敌变化而取胜”，首先要全面了解和把握敌人的虚实，其次要使己方的虚实深藏不露。

第二次世界大战时，苏军在斯大林格勒发起反攻，准备围歼三十三万溃败的德军。实现这一战略目标，首要的任务就是夺取德军纵深地区附近的顿河上唯一的一座铁桥，这是德军撤退的必经之路。苏军坦克第二十六军接受了这一艰巨的任务。当时，德军已抢在苏军前面向顿河大桥前进，苏军要想越过挡在自己前面的德军简直不可想象。坦克第二十六军军长罗金少将望着漆黑的天空，猛然下定决心，发布命令："打开所有的车灯，排成纵队向顿河大桥全速前进！"德军就在身边，而且，德军还在公路沿线构筑了防御阵地，罗金少将的命令无疑是自杀！但是，军令如山倒，苏军坦克部队的上百辆坦克义无反顾地执行了命令。德军官兵做梦也想不到苏军坦克敢于在自己的炮口前面打开灯、排成纵队行军，人人都认为是自己的部队，没有一个人上前去询问或提出质疑。于是，浩浩荡荡的苏军坦克部队从德军的眼皮底下驶过，一直驶上顿河大桥。德军的退路被截断了，三十三万大军成为苏军的瓮中之鳖。

处世活用

人生情况千变万化，错综复杂，我们在处世社交、经营管理时，应学会因人、因事、因时、因地而变，应针对不同的人和事使用不同的方法和技巧，根据各种不同的情况做出不同的应变措施。这就是孙子讲的"兵无常势，水无常形"的道理。

日本阿托搬家中心创始人寺田千代乃是一位善于审时度势、灵活应变的女企业家。寺田千代乃从前是搞个体运输的，当时的世界性"石油危机"，导致运输业不景气。寺田千代乃已是两个孩子的母亲，为了生存，她将孩子拴在驾驶室的座椅上，坚持搞运输。但无论她怎样卖力，仍未逃脱破产的厄运。

突然有一天，寺田千代乃在报纸上看到日本有些地区每年在搬家上的花费很高时，就决定在这一新兴行业上做一番尝试。

搬家听起来简单，但对于寺田千代乃来说完全是个陌生的新行业，为了吸引成千上万的分散住户的注意力，她最先想到了电话号码。因为谁要搬家，肯定会先在电话号码簿上找运输公司的电话，于是她利用电话号码簿替自己公司做广告。日本的电话号码簿是按行业分类的，在同一行业中，企业的排列顺序是以日语的字母为序。因此，她把自己的公司取名为“阿托搬家中心”。这使它在同行业中排名靠前，查找时容易被发现。接着，寺田千代乃在电话局的空白号码中，选了一个既醒目又容易记的号码——“0123”。

公司成立后，寺田千代乃对搬家技术进行了一系列革新，采用多变的经营管理办法。她抓住顾客珍惜家财和怕家财暴露的心理，设计了搬家专用车，把家用器皿装在这种车上，安全可靠，路人见不着。日本城市住宅高层建筑多，从楼梯或电梯上下来回挪动，吃力且速度慢，于是她又专门设计了搬家专用吊车和搬家用的集装箱。

阿托搬家中心还打破搬家公司只搬家的做法，搬家的同时还可向顾客提供与搬家有关的服务300多项，如代办消毒、灭虫、清扫、子女转学，等等。

令同行们刮目相看的是阿托搬家中心的“二十一世纪的梦”。寺田千代乃向德国的巴尔国际公司定做搬家专用车，这种车命名为“二十一世纪的梦”，全长十多米，宽二米五，高三米，车前半部分分为上下两层，下层是驾驶室，上层是一个可容纳全家人的豪华客厅，厅里面有舒适的沙发，供婴儿用的摇篮，此外还装有电视机、电冰箱等设施。这种新型搬家专用车的消息通过电视向全国传播后，顾客蜂拥而至，阿托搬家中心不得不采取预约登记来搬家。别的搬家公司搬家，行李和人是分开的，常常都是人先到，行李在后。如果改用阿托搬家中心的“二十一世纪的梦”来搬家，行李和家人同行，全家人坐在舒适的豪华客厅里，饱览沿途风光，令原本恼人的搬家工作，变成美好、难忘的旅行。

由于寺田千代乃在经营上善于推陈出新、灵活多变，阿托搬家中心日益发展壮大。

军争篇

战况千变万化，战机稍纵即逝，临敌应变主要靠指挥员审时度势，因势利导。

原文

孙子曰：凡用兵之法，将受命于君，合军聚众，交和而舍，莫难于军争。军争之难者，以迂为直，以患为利。故迂其途，而诱之以利，后人发，先人至，此知迂直之计者也。

故军争为利，军争为危。举军而争利，则不及；委军而争利，则辎重捐。是故卷甲而趋，日夜不处，倍道兼行，百里而争利，则擒三将军，劲者先，疲者后，其法十一而至。五十里而争利，则蹶上将军，其法半至。三十里而争利，则三分之二至。是故军无辎重则亡，无粮食则亡，无委积则亡。

故不知诸侯之谋者，不能豫交；不知山林、险阻、沮泽之形者，不能行军；不用乡导者，不能得地利。

故兵以诈立，以利动，以分合为变者也。

故其疾如风，其徐如林，侵掠如火，不动如山，难知如阴，动如雷震，掠乡分众，廓地分利，悬权而动。

先知迂直之计者胜，此军争之法也。

《军政》曰："言不相闻，故为金鼓；视不相见，故为之旌旗。"夫金鼓旌旗者，所以一人之耳目也。人既专一，则勇者不得独进，怯者不得独退，此用众之法也。故夜战多火鼓，昼战多旌旗，所以变人之耳目也。

故三军可夺气，将军可夺心。是故朝气锐，昼气惰，暮气归。故善用兵者，避其锐气，击其惰归，此治气者也。以治待乱，以静待哗，此治心者也。以近待远，以佚待劳，以饱待饥，此治力者也。无邀正正之旗，无击堂堂之陈，此治变者也。

故用兵之法：高陵勿向，背丘勿逆，佯北勿从，锐卒勿攻，饵兵勿食，归师勿遏，围师必阙，穷寇勿迫。此用兵之法也。

译文

孙子说：大凡用兵的法则，从将帅接受国君的命令，组织民众编成军队，聚集军需，到赴前线驻地扎营同敌人对阵，这中间最困难的莫过于两军争利，夺取制胜条件了。两军争利中最困难的地方，又在于变迂远为近直，化患害为有利。所以要迂回绕道，并用小利引诱敌人，这样就能做到比敌人后出动而先到达所要争夺的要地，这才是懂得以迂为直的将帅。

所以两军相争是为了有利于自己，若率领大军而争，也会失利而有危险。全军带着所有装备辎重去争利，就会因行动迟缓而赶不上，放下装备辎重去争利，辎重就会损失。因此卷甲急进，日夜不停，以加倍的行程连续行军，走上百里路程去与敌争利，三军将领都可能被俘，身体健壮的士兵先到了，体弱疲倦的士兵掉了队。采用这种做法，可能只有十分之一的兵力赶到。走五十里路程去与敌争利，先头部队将领就可能受挫，用这种方法，部队只有半数兵力赶到，走上三十里路程去争利，只有三分之二的兵力赶到。所以军队没有辎重，就不能生存，没有粮食就不能生存，没有物资储备就不能生存。

所以不了解列国诸侯的战略计谋，不能与其结交；不熟悉山林、险阻、沼泽等地形，不能行军；不使用向导，不能掌握有利地形。

因此，用兵打仗要依靠诡诈多变为根本，根据是否有利采取行动，按照具体情况来分散和集中兵力。

所以，军队行动快速时，像疾风；行动缓慢时像严整的森林；攻击时，像迅猛的烈火；驻守时像山岳，屹立不动；隐蔽时，像阴云蔽天；冲锋时像万钧雷霆。

掳掠敌乡的物资，要分兵掠取；扩张疆土，要分兵扼守要害之地。权衡形势利害与得失，然后再行动。

事先懂得以迂为直的将帅就能制胜，这就是两军相争的原则。

《军政》上说："因为用语言指挥听不到，所以设置金鼓；用动作指挥看不到，所以设置旌旗。"金鼓、旌旗都是用来统一军队视听的，军队行动既然一致，那么勇敢的将士就不能单独前进，怯懦的将士也不能单独后退，这就是指挥大部队作战的方法。所以，夜间作战多用火光和鼓声，白天作战多用旌旗。之所以变换这些信号，是为了适应士兵的视听能力。

对于敌人的军队，可以挫伤它的锐气；对于敌人的将领，可以动摇他的决心。军队初战时，士气旺盛，锐不可当，过一段时间，士气就逐渐怠惰，到了最后就疲乏衰竭了。所以善于用兵的人，总是避开敌人的锐气，等到敌人士气衰竭，松懈疲惫，人心思归时，再发起攻击，这是掌握军队士气的方法。以自己严整的部队对付敌人混乱的部队，以自己沉着的部队对付敌人急躁的部队，这是掌握部队军心的方法。以自己靠近战场的部队来对付远道而来的敌人，以自己安逸休整的部队对付敌人奔走疲劳的部队，以自己饱食的部队对付饥疲的敌人，这是掌握军队战斗力的方法。不要去迎击旗帜整齐、部署周密的敌人，不去攻击阵容严整、实力强大的敌人，这是掌握灵活用兵的方法。

所以用兵的法则是：敌人占领高地，不要去仰攻；敌人背靠高地，不要从正面进攻；敌军假装败退不要跟踪追击；对敌军精锐的部队不要去攻击；对敌军的以利引诱，不去理睬；对正在撤退回去的敌军，不要去正面拦阻；包围敌人，要留有缺口，对濒临绝境的敌人不要过分害它。这些都是用兵应当掌握的法则。

名家注解

曹操曰：两军争胜。

李筌曰：争者，趋利也。虚实定，乃可与人争利。

王皙曰：争者，争利；得利则胜。宜先审轻重，计迂直，不可使敌乘我劳也。

张预曰：以军争为名者，谓两军相对而争利也。先知彼我之虚实，然后能与人争胜，故次《虚实》。

（按：汉简本此篇篇题列《实虚》之前。）

谋略精解

本篇论述的主要问题是，两军相持如何先于敌人争取制胜的条件，取得有利的作战地位。孙子提出，两军相持争利，其关键是争夺掌握战场的主动权。因而，如何先于敌人占领战场要地，造成有利态势，从而掌握有利战机，是两军相争中最重要的问题，同时也是最困难的问题。

军争之难，最难的在于“以迂为直，以患为利”。“迂”与“直”，“患”与“利”，是一对不可调和的矛盾，没有丝毫的共通之处。孙子则要让它们变成自己的对立面，这当然不能说不难，但也绝不是不可能的事。前者设法把自己要经过的迂回弯曲的进军路线变成直通目的地的捷径；后者要将对自己不利的负面因素设法变成有利的正面因素。孙子提出了自己的办法：设法使敌人的进兵路线变得迂曲，引诱敌人改变本来径直的行军路线。这样，敌人的路程便相对变得迂曲而延长，而我军的路程便相对变得直坦而缩短。

孙子的“迂直之计”，深藏着辩证法的精义。直近、曲远不仅是空间概念，也与时间紧密相关。一旦与战争双方的兵力部署虚实相结合，加之以主观的能动作用，矛盾的双方就有可能向相反的方向转化；远而虚者，易进易行，机动快，费时少，成了实际上的近；近而实者，难进难行，机动慢，费时多，成了实际上的远。

军争有利亦有弊，不能只看到有利的一面而忽略了危险的一面。有利的一面容易被人理解，所以，孙子着重具体分析了不利的一面。军争对战争的胜败作用巨大，因而凡用兵者都应极其重视。孙子以军队强行军为例，具体描述了军争的两难境况：携带全部军需物资去争先机之利，往往不能达到预期的目的；舍弃军需物资去争先机，虽有可能占得有利地位，但后果更惨。孙子通过细致的估算和科学的分析，指出捐弃辎重而趋敌的结果，有可能是损兵折将，甚至全军覆灭。孙子的用意十分明显，在于警醒用兵者，应对军争之危有高度的警惕，并在实践中努力杜绝它的发生，从而充分把握并获取军争之利。

在论述了“奇正”“虚实”之后，孙子以“迂直之计”为主旨，进而阐解兵法，其中蕴含着严密的逻辑联系。这种安排，颇具匠心。因为无论是出奇制胜，还是避实击虚，都必须以“迂直之计”为前提条件，或者说，它们本身就是“迂直之计”的组成部分或一种结果的表现。

同时，孙子看到了参与战争的主体——人的情绪、心态，对于战争胜败的重要作用，于此提出了“治气”“治心”的战术，提出了相应的制胜方法。虽显得过于浅近，但实质上与现代战争注重心理战术的运用，有某些相通之处，在当时已是十分难能可贵了。其“治气”之“避其锐气，击其惰归”，更是至理名言。

总体来说，本篇对军争的意义、军争的利弊、军争的原则和基本战术，做了系统精辟的分析论述。大量的古今战例，都充分证明了“迂直之计”是一条克敌制胜的永恒原则。

军争为利，军争为危。

兵家活用

两军交战，孙子强调一个“争”字，即争取有利于自己的形势，如果自身的优势多于敌人，那么取胜的把握就大了。

赤壁之战后，刘备占据了荆州、益州，曹操占据黄河流域，孙权占据江南，三方形成了三足鼎立的形势。

公元 215 年，曹操消灭了西北马超、韩遂势力后，便亲率大军进攻汉中的张鲁，以占据汉中。张鲁是东汉时期“五斗米道”的传人，被东汉统治者封为镇民中郎将后，领汉宁太守。张鲁得知曹操进攻汉中，想投降曹操，但他的弟弟张卫不同意。张卫在曹军到达阳平关（今陕西省宁强县）时，率领一万多人据关坚守，阳平关最终还是被曹操攻破，张鲁投降了曹操。曹操基本上控制了巴中地区。

刘备对于曹操势力进入汉中，而且深入巴中地区十分担忧。他派部将黄忠出兵击败了曹军在巴中地区的势力，控制了这一地区。这时，曹操的军队驻扎在汉中，丞相司马懿曾向他建议，要他抓住良机进攻益州。曹操认为西蜀守备不易攻破，且自己后方还不稳定，因而没有采取军事行动。不久，他把守在长安的大将夏侯渊调来驻守汉中，自己领兵回到了中原。

汉中是四川东北的门户，曹操占据汉中，可以使益州北方无险可守，这对占据四川不久的刘备无疑形成了极大的威胁。而汉中如果被刘备占据，那么刘备进可以攻关中，退可以守益州。因此，刘备决心将汉中夺到自己的手中。公元 217 年，刘备亲率主力部队进攻汉中，留诸葛亮守成都，负责军需供应。刘备大军屯驻阳平关，想攻下这一战略要点。刘备选精兵万余轮番攻阳平关，却攻不下，双方在阳平关相持一年有余。

公元 219 年正月，刘备经充分的准备，决定采取行动以打破这种长期相持的局面。刘备率军避开防守严密、地势险要的阳平关，渡汉水，沿南岸山地东进，一举抢占了军事要地定军山。夏侯渊被迫将防守阳平关的兵力东移，与刘备争夺定军山。为了防止刘备进军和北上，曹军在汉水南岸和定军山东侧建营垒，修围寨，设鹿角（一种栅栏式的防御工事）。刘备军夜攻曹营，火烧南围鹿角。夏侯渊命张郃守东围，自率轻骑解救南围。刘备军又急攻东围，并派黄忠率精兵埋伏在东、南围之间的险要地段。张郃不支，夏侯渊又急忙率军回援东围。黄忠居高临下，以逸待劳，突然攻击行进中的夏侯渊。夏侯渊毫无防备，战败溃逃，被黄忠斩杀，张郃率军退守阳平关。

夏侯渊死后，曹军由张郃统领。曹操得知汉中战场失利，亲率主力从长安出斜谷，迅速赶赴阳平关前线救援汉中。这时，蜀军士气旺盛。刘备通过定军山争夺战改变了以前的被动局面，他对随从的部将说：“曹操即使再来，也将是无能为力了，汉中必然归我所有。”待曹军到达汉中后，刘备利用有利地形，据守险要之处而不与曹操决战。与此同时，刘备遣游兵扰袭曹军后方，劫其粮草，断其交通。曹军攻险不胜，求战不得，粮食缺乏，军心恐慌，军无斗志，士卒逃亡者不少。一个多月后，曹操无奈，放弃汉中，全军撤回了关中。刘备如愿占据了汉中，不久，他派刘封、孟达等攻取了汉中郡东部房陵、上庸等地，势力得到了扩大与巩固。汉中争夺战以刘备的胜利告终。

处世活用

世上任何事都具有两面性，权力也不例外。在我国古代社会，能登上皇帝的宝座是无数人的梦想，他们甚至不惜为此血流成河、骨肉相残。

《吕氏春秋》曾有记载：越国王子搜看着越国人接连三次把自己的国君杀死，王子搜担心自己被立为国君后也会遭到如此下场，于是一个人逃到一个山洞里躲起来。越国没有国君，越国人到处寻找王子搜，终于在山洞中找到了他。可是王子搜不肯出来，越国人就把艾草点燃放在洞口，用烟熏他，逼他出来。王子搜忍耐不住，被迫从山洞里钻出来，越人推搡着把他请上国君的车驾。

王子搜极其无奈地上了车，仰天长叹道："老天哪，为什么你不能放过我？"

也许你会认为连国君都不肯做的人是傻子，其实，王子搜并不是不想做越国的国君，而是害怕做国君带来的可怕后果。"军争为利，军争为危"，权力自古以来就是一把双刃剑，它可以带来想不到的尊贵和财富，同样也会带来无法想象的祸害。

兵以诈立，以利动，以分合为变者也。

兵家活用

"诈"是军事智谋之一。"兵不厌诈"，古今皆然。兵史证明，军争不是简单地靠兵力取胜，其中技巧往往是军争决胜的条件。

"兵以诈立"，概括了军争技法的主要内容。军争中，将帅必须以"诡道"为指南，以"奇正"变化为术，立足于"诈"，战胜敌人。

"以利动"乃是"兵以诈立"的深化。"诈"术制敌的行动以对我是否有利为目的，有利于我方的，则行；不利于我方的，则止。"以利动"的方式"分合为变"，即根据敌情变化，分别采取分散兵力、集中兵力的方式随机应变。

"兵以诈立"作为军争技法的战略指导，决定了军争中军队的行动模式、行动原则、行动的传导系统。

用兵之法，从动静态势研究，有动有静。行军之时，要隐蔽使敌人不知，就要静。有时因机而变，行军之时要特意张扬造成声势，以威慑敌人，就要动。动与静有机相连，权衡形势，相机而动。所以孙子主张"悬权而动"。"悬权而动"是指军队要根据军情地势，权衡缓急，斟酌取舍，贵在随机应变。

"以诈立，以利动"的战例史不绝书。公元765年，安史之乱叛将令狐潮把唐朝将领张巡围困在雍丘城中。令狐潮拥有40000人马，张巡却不过2000兵丁，力量对比悬殊。但由于城中军民同心协力，叛军连日攻城均未能奏效。时间一长，城里的箭用完了，情况十分危急。

张巡令部队割来蒿草，扎了1000个草人，穿上黑衣，夜晚用绳子缒至城下。令狐潮的士兵在远处看不真切，以为城中守兵突围，便万箭齐发，争射草人。这样搞了几次，叛军才发觉受骗。张巡把草人收回来，得箭数十万支。之后，张巡又乘暗夜从城上缒放草人，敌军却暗中发笑，以为又是奸计，遂不加戒备。就在敌人习以为常之时，张巡挑选500名精兵组成"敢死队"，身穿黑衣，乘暗夜从城上缒下。

当敌人还未完全从麻木状态中清醒过来，500名勇士奋勇杀入敌营，乘乱点燃了营寨，敌军猝不及防，大败而走。这就是隐真示假、瞒天过海的“诈术”。当某种现象反复出现。人们最初会有较大反应，渐渐就会变得熟视无睹、多见不疑。张巡正是利用人们的这一普遍心理，才演成了“蒿人得箭，死士砍营”的生动活剧。

处世活用

1945 年 5 月 4 日，云南大学师生们在操场上举行隆重的纪念大会。到会的人很多，气氛十分热烈。大会刚开始时，天公不作美，突然下起雨来。许多人争相避雨，现场秩序一下子变得乱起来。

会议主持人连声嚷道：“不要动，大家站好，就要开会了！”

不过效果不太大。

此时闻一多正好站在讲台上，主持人就请他出面鼓鼓士气。

闻一多站起来向正在朝四面走动的人群讲道：“同学们！我给你们大家讲一个故事。两千多年以前，周武王决定起义，去打倒暴君纣王。就在出兵的那一天，像我们今天一样，忽然下起雨来了。许多人都觉得很不吉利，建议武王改期。这时候管占卜的出来，他说这不是坏事，这是‘天洗兵’，是老天爷帮我们忙，把兵器上的灰尘都洗得干干净净的，打敌人更有力啦！我们今天也碰上了这样的机会，这也是天洗兵！不怯懦的人回来！走近来！勇敢的人站过来……”

闻一多先生的话一下子打动了人心，大家都不再走动，安静地等待会议召开。

这个故事里，闻一多先生在突然下雨的情况下，巧借武王伐纣出师“天洗兵”的典故，使台下听众深受鼓舞，从而抑制了避雨的举动，冒雨听讲。

闻一多先生应变有术，根据突如其来的状况借题发挥，表现了高度的智慧和才能。以突发事件为话题，随机应变，能够有效地吸引对方的注意力，可保证活动正常进行，还可起到意想不到的效果。

三军可夺气，将军可夺心。

兵家活用

“三军可夺气，将军可夺心”是《孙子兵法》中士气理论的核心。所谓“士气”就是将士的勇敢精神。

在军争中，最终决定胜负的不是单纯的数量对比，精神上的勇气也起着重大作用。将士是军争的根本，而将士则以志气为根本。军事争战中可以受挫，但士气不可以颓败。士气也可能因环境困绝而低落，而必胜于敌人的信念不可受挫。具有必胜之志，果敢善战，则无战不胜；具有昂扬之气，刚毅不屈，则无征不服。

公元前203年，楚汉议和，划鸿沟为边界，“中分天下”。一个月后，项羽领军东归。刘邦也想回西部去。谋臣张良、陈平劝谏道：“天下三分之二已归我们所有，目前楚军粮草不足，士兵疲乏，正是灭项羽的大好时机，岂可养虎遗患？”刘邦突然醒悟：刚订立和约，项羽就引兵东撤，一定是其疏忽大意，此时追击确实是天赐良机。他火速令韩信、彭越同时出兵，自己亲率大军追击楚军，合力灭楚，但是韩信、彭越均未发兵。刘邦孤掌难鸣，于固陵追上项羽，被项羽打得大败。刘邦无奈，只得采用张良的计策：裂地分封。封韩信为齐王，封彭越为梁王。使者一到，韩、彭二人果然领兵来会师。

公元前202年，汉大将刘贾渡淮河入楚地，诱降九江守将，兵围寿春，韩信西进占彭城。项羽四面受敌，转战南撤，退至垓下（今安徽省固镇县）。刘邦军紧紧跟来，四面围上。

刘邦将会合后的30万大军统统交给韩信指挥，韩信布下十面埋伏，将项羽重重包围在垓下。但项羽此时尚有八千子弟兵，他坚守大营不出战，韩信一时也无法取胜。

楚军被困日久，粮食渐渐吃光，隆冬之际寒风凛冽，饥寒交迫，军心不稳。这一天晚上，夜深人静，突然从汉营飘来一片楚歌，且伴有箫声，歌声甚是凄凉哀怨："寒月深冬兮，四野飞霜。天高水涸兮，寒雁悲怆。最苦戍边兮，日夜彷徨……"项羽听了，大吃一惊，心想："汉军难道已经完全占领了楚地？他们怎么会有那么多的楚人？"

楚歌仍不断地传来，听得清清楚楚："虽有腴田兮，孰与之守？邻家酒熟兮，孰与之尝？白发倚门兮，望穿秋水。稚子忆念兮，泪断肝肠……"楚军将士不禁潸然泪下，这悲凉凄苦的歌声使他们想起了家园，想起了自己的父母与妻儿。歌声彻底动摇了项羽的军心，三三两两的楚军士兵开始逃离楚营，到后来竟大批大批地逃跑，大将季布等也相继溜走，连项羽叔父项伯也去投奔张良。眼见败局已定，谁也不愿意再在这里等死了。一夜之间，数万大军剩下一千多人。

项羽无计可施，借酒浇愁，唱起了一首悲凉的歌："力拔山兮气盖世，时不利兮骓不逝；骓不逝兮可奈何，虞兮虞兮奈若何？"虞姬十分悲痛，持剑起舞作歌，歌毕自刎，项羽率八百余骑突出重围，又于乌江边被汉军追上，项羽自刎而死。

其实，项羽不知，那晚在汉营中唱楚歌的不全是楚地人，乃是张良实施的"攻心夺气"之策。张良把楚地名将英布的士卒全分散到各营，让他们教所有的汉军将士唱楚歌，目的就是瓦解项羽军心。

处世活用

“用兵之道，攻心为上，攻城为下。心战为上，兵战为下。”要想做事如意，有智慧的人常常也像军事指挥家一样善于笼络人心，让对方心甘情愿为自己效力。

春秋时期的晋国，有位名叫豫让的勇士，他先后辗转投靠了几个主人，均得不到重用，直到投靠了智伯氏，才得到厚爱，将其视为知己，寝食同行，亲如手足，豫让大为感动。后来智伯氏与赵襄子争斗，事败四处流浪。豫让想报答智伯的知遇之恩，于是去刺杀赵襄子，结果被捉。有感于豫让是为主人效命，赵襄子没有立即杀他。豫让说：“我自己谋事不密，今天落在你手中，此乃天意，我不会请求你放过我，因为我若活下来，唯一的任务就是要刺杀你。”赵襄子默默无语。于是豫让提出要借赵襄子的衣服一用。赵襄子有些迷惑，但最后还是脱下衣服给他。豫让拔剑于手在赵襄子的衣服上挥了几下，大喊道：“我已替智伯报仇了。”说完后就横剑自刎了。

善用兵者，避其锐气，击其惰归，此治气者也。

兵家活用

任何事物都在不停地发展变化，正所谓彼一时，此一时。军队的士气也是如此，受客观环境的影响，主观情绪也不断发生着变化。作为指挥员，就要懂得“人情之理”，善于分析、把握并能利用这些变化。当敌人的士气正盛时，则主动避之，并想办法消耗其锐气，一旦发现敌人的士气低落，则主动出击，乘虚而击，方能取胜。

春秋时期，鲁国出现了一位兵家奇才，虽然他的活动在历史上仅仅如流星般一闪即逝，却留下了永不磨灭的光辉，这个人就是曹刿。

公元前684年，齐国攻打鲁国，两军在长勺摆起了阵势。开始，鲁庄公在齐军士气正盛时就要擂鼓出战，被曹刿劝阻。待齐军击鼓三次后，曹刿才提出反击。最后，鲁国打败了齐军，在凯旋时，鲁庄公问曹刿取胜的道理。

曹刿答道："打仗，主要凭的是一股勇气，气足则战勇，战勇则胜，气衰则战怯，战怯则败。当士卒听到第一次冲锋的鼓声时，士气最盛，第二次则气衰，第三次则变得精疲力竭了，斗志既衰士气也无。当齐军三鼓气竭之时，我军方一鼓，士气正盛。所以能一鼓作气，战胜齐军。"

鲁庄公又问为什么齐军已败还不让马上追击。曹刿答道："齐国是大国，兵强而将能，虽然败退，但我怕他们是假装的，意在诱敌，鲁国兵微将寡，不得不慎重。当看到他们旗帜东倒西歪，车辙也乱七八糟时，知道他们真的是败退，所以才请您下令追击。"曹刿这番阵前论兵，论出了两个大道理，使后世长久得益。一是指出了战争中士气的因素，士气的高低首先取决于民心与兵心，能得民心与兵心，士气才有基础，其次士气还取决于阵前的布置操作以及士卒疲劳程度。二是在具体作战方针上主张后发制人，敌疲我打。曹刿这两番大道理，就是孙子"避其锐气，击其惰归"的"治气"思想。

士气是与战争的性质分不开的，"避其锐气，击其惰归"，是避实击虚的特殊形式，是一种巧妙的制敌艺术，指挥员应积极寻找我方士气与敌方士气之差，这种差别越大，胜利的把握也就越大。

处世活用

下面是有关美国商人霍华德·休斯的故事。

有一次，休斯想从一家飞机公司购进三〇型飞机，还很想购进一一型飞机。最初，休斯单独去谈判交涉，可是只说了几句话，就显露出一种没有耐心和暴躁的神态，到最后竟拂袖而去。后来，休斯派了一个代理人去交涉，并交代代理人说："你只要帮助我买进一一型飞机就行了。"然而这个代理人去跟对方交涉了没多久，就以巧妙的方式、有利的条件购进了一一型飞机和三〇型飞机。原来，这个代理人一到飞机公司，就对对方负责人说："你是要我和你好好谈呢，还是要和休斯一样不了了之？"对方一听他这么说，就立刻回答道："我知道，我知道，就照你的意思去做好了。"也就是说，代理人以"再次发生上次休斯那样的争论"为底牌，刻意强调如果愿意与他合作，就不会再发生休斯那样的不愉快，而失去做这笔生意的机遇。

如果对方比较感情用事，或情绪用事，或情绪反应比较激烈，可以用具体的数字来表示。美国有一个经纪人修诺克，经常担任知名歌手的经纪人。这些知名歌手脾气都很大，其中有一位著名的俄国男低音声乐家夏略平，令他十分头痛。例如，晚上要登台演唱了，但夏略平只要心情不好，就会打电话说："我今天心情不好，晚上不唱了。"每当出现这种情况，修诺克就对夏略平的秘书说道："实在很糟糕，今天晚上的演唱只好取消了，如果勉强唱的话，一定会影响他的声誉，所以不如赔付 2000 美元的违约金，这样反而对你们有利，我也完全是替你们着想。"这样一来，夏略平就会冷静思考，在即将取消时又打来电话，说他已准备好要出场了。

对修诺克而言，以上这种情况经常发生，对付这种经常闹情绪，且提出无理要求的人，最好能以冷静的方式来提示他们，要他们了解，他们的要求只会招致更大的损失，于己并无任何好处。

以治待乱，以静待哗，此治心者也。

兵家活用

孙子这句话主要是论述“治心”。为什么说“以治待乱，以静待哗”是掌握军心的方法呢？如果敌军严整、镇静，我军混乱、轻躁，我军军心必然不稳而招致失败；敌我双方都严整、镇静，我军军心只能说是平稳；如果敌军混乱、轻躁，我军严整、镇静，这种态势不仅能促使我军军心稳固，而且能使我军自信而振奋，进而夺取胜利。服部千春的《孙子兵法校解》认为“以治待乱，以静待哗”，无论在政治战略上还是在军事战略、战术上，都应作广义的解释，特别是这个“待”字，如果只单纯地理解为一厢情愿的消极的“等”，就不能说理解了孙子战略的精神实质。此战略宜理解为我军应当以积极的姿态和谋略致敌乱、致敌哗，这个过程本身亦为稳固我军军心的过程，自然也是掌握军心的方法。

明代冯梦龙《智囊·兵智部》讲了一则故事：

公元前270年（周赧王四十五年），秦国二十万大军进攻韩国，驻扎在紧靠韩国的赵国领地阏与（今山西和顺县西北）。目的是得手后东出武安，直袭赵都邯郸。韩厘王派使臣求救于赵。赵惠文王命赵奢率军救韩。

赵奢亲率五万大军日夜兼程，赶到了前线，命令优秀射手在离阏与五十里的地方驻扎下来，令士卒迅速筑成营垒。

赵奢筑起营垒后，准备迎击秦军。赵军本为长途跋涉、士卒疲劳之军，但赵奢却能整军筑垒，以劳为逸，以静待躁，表现了一个军事家的谋略才能。此时，有一个叫许历的军士想以军事求见。赵奢命侍卫引许历进来，许历说：“秦国没想到赵军突然到来，他们来势凶猛，我们一定要集中兵力严阵以待，否则，一定要吃败仗。”赵奢答应了。

许历自知违反了赵奢“以军事谋谏者斩”的军令，就说：“我宁愿接受刀斧处死。”赵奢却说：“待回到邯郸以后再说吧。”其实赵奢是赞成这个建议的。

后来许历又建议说，阏与北面山头是个制高点，谁先占领谁就能取胜。赵奢又一次听了他的建议，立即出兵一万占领北山。秦军后到，想急夺北山而不得。赵军居高临下，向秦军猛攻。二十万秦军大败，溃散逃走。赵军夺回阏与之地后凯旋。

回到邯郸后，论功行赏，许历不但没有被处死，而且被晋升为国尉（武官名，即太尉）。

处世活用

在处世中可运用“以治待乱，以静待哗”的方法。当不安定的现象出现时，不可急于处置，以静观之态，让表象充分暴露；用稳坐之姿，威慑跳梁小丑。

据载，唐朝的中书令裴度，有一次忽然丢了大印。手下人急急忙忙将此事告诉他。裴度知道后，没有惊慌，他叫手下人不要声张，同时还设宴作乐。人们不理解他的意思。宴会进行到半夜，这时大印又回到了裴度身边。裴度见到印也不理睬，继续饮酒，尽欢而散。

后来有人问他这是什么缘故，裴度说：“这是小吏把印偷去伪造证券，如果我找得不急，那么，他用完了就会放回原处。如果追查得很紧，那人害怕治罪就会将印扔到水里或火里，那样印就不会失而复得了。”

北朝时，许允为吏部尚书，选用郡守多用自己的同乡。魏明帝知道后，命令虎贲前去收捕许允。在许允受缚时，他夫人从内室走出来，告诉他：“明主可以理夺，难以情求。”许允马上明白了她的意思。到了殿上，魏明帝问他为什么多用自己的同乡为郡守，许允说：“陛下常告诫臣‘举尔所知’，臣的同乡正是臣所熟悉的人。陛下应该检查这些人是否称职，如果不称职，臣甘愿服罪。”魏明帝下令查询，这些人都没有大的过失，无奈，只好释放了许允。

裴度和许允的夫人都懂得“以治待乱，以静待哗”的道理，从而达到了预期的目的。裴度知道偷印的人只是想伪造证券，并不想偷印不还，于是故作不知，以防惊动偷印人，使之畏罪销赃，大印走而不回。许允和他夫人，知道明智的君主，崇尚理智，理智高于情感，很少感情用事。为此，要想免除伤害，唯有摆事实，讲道理，以理服人，结果如愿以偿。

围师必阙。

兵家活用

“围师必阙”的实质在于欲擒故纵，欲歼故放，先从精神上给对方造成败势。

明代何良臣指出：“大抵围师必阙，阙之前面，多有险伏。兵厚处必敌根本之地也，观其不治，便可冲之，不但得出，更乱其营，所谓一击而百万破矣。此又在用者审势相机，亦未可执其围师必阙一语。”“围师必阙”包含着积极歼敌以求全胜的思想，它不仅适用于攻城夺关的攻坚战，也适用于运动伏击战。

明朝时期，当时的日本浪人，常常组成团伙侵犯我国沿海地区，烧杀抢掠，无恶不作，使我国沿海百姓蒙受了重大损失。当时的明朝军民就称之为“倭寇”。辽东半岛由于地理位置原因，经常受到倭寇的抢掠。因此，明朝朝廷总是派有经验的、智勇双全的大将镇守那里。

明成祖永乐十七年（1419年），由大将刘荣担任左都督，镇守辽东。有一次他视察辽东诸岛屿，察看了那里的地形，认为金州卫的金线岛西北面的望海埚，地势最高，可瞭望附近的众多岛屿，又处于敌寇侵扰的必由之路上，也是守卫滨海的咽喉要地。因此，他奏请朝廷在山上构筑城堡，打算设置烽火台来监视海面。朝廷批准了他的奏请，很快就在望海埚建造了堡垒，并长期驻军警戒、守备。

有一天，负责瞭望的将士前来报告说：“东南方向，夜间发现有火光。”这是有乘船工前来附近的情形，刘荣估计将有敌寇入侵，立刻派骑兵、步兵奔赴望海埚的小堡上警戒，准备迎击来敌。刘荣下令犒赏将士，喂好战马，但全军要在表面上呈现出一副漫不经心的样子，又派督指挥徐刚率兵埋伏在山下，还下令百户长率领一些壮士潜伏着准备去焚烧敌人的船只，以截断他们的退路。并且与大家约定：“看见举旗，听见炮声，伏兵便奋起攻击，不听从命令杀敌者，定斩不饶。”

第二天，天一亮，果真有2000多名倭寇乘海船直抵望海埚下，登上岸后便鱼贯前行，如同走进无人之地。此时，刘荣披甲举旗，指挥将士们鸣炮，于是伏兵全都奋起，如猛虎下山，一面大声呐喊，一面分为左右两侧进攻敌人，拼命砍杀。敌寇不知有伏兵，被杀了个措手不及，如惊弓之鸟，一哄而散，这样一来敌寇败得更快，顿时就尸横遍野，失去了一半的兵力。其余的敌寇狼狈逃到樱桃园的一个空城堡里，明军又包抄攻击，将士们要进入空堡里全歼敌人，刘荣没有同意，而故意留出一面让他们逃跑，等到倭寇全部从空城堡里出来，刘荣命令两翼部队夹击敌寇，倭寇再次四散而逃，被明军逐个消灭，结果这一战活捉了敌寇几百人，斩首一千多人。有侥幸逃到海船上的，又全都被姜隆定及其部下所俘获，无一人逃脱。而明军几乎没有什么伤亡。

战斗结束，班师回营后，众将请教刘荣说："将军您发现敌人时安闲自如，等到临阵时却披甲战斗，把敌人逼进城堡后，不仅一个不杀，反而放走他们，这是什么原因呢？"

刘荣解释说："倭寇远道而来，一定是又饥饿又疲劳。我军则以逸待劳，以饱待饥，这是兵家常用的最有效的方法。倭寇开始是鱼贯而来，摆出的是长蛇阵型，这种阵型攻击性强，动作灵活但两翼薄弱，易于被伏兵击溃，所以我们要摆出真武阵型来对付他们，攻击他们的两翼，拦腰截断他们，使他们首尾不能兼顾。在慌乱中，无组织、无纪律的倭寇必然不会互相援救，消灭了前方的倭寇，后方的倭寇进入空堡内，一定有拼命战斗的决心，这时，我军如硬要攻击，怎么能不受挫呢？虽然我们兵力有优势，但也没有必要去强攻这些凶悍的亡命徒。因此，我故意放条生路给他们，他们出来后急于逃窜，已无心再战，此时再予以打击，就可以最小的代价取得巨大的成功！这是'围师必阙'的战术。以上这些作战方法，兵书上都有记载，诸位平时没有留心吗？"

众人听完心服口服，赞叹刘荣计策高明。

处世活用

为什么包围敌人时要给他留条潜逃之道，放他一条生路？主要原因就是处于绝境的敌人冒死反扑，自己反而会措手不及。即使对方是弱敌，当他们意识到反正也是一死，拼出去可能有活路时，也会产生巨大的反击力，处理不好，己方就要受其伤害。

这个道理也可适用于人际关系。人被逼急时，有的则会采取阴谋手段伺机报复。此时，宽容忍让、“得饶人处且饶人”是安全的做法。

希腊神话故事中有位英雄叫作海格力斯。一天，他走在坎坷不平的路上，看见脚边有个像鼓起的袋子的东西，很碍脚。海格力斯踩了那东西一脚，谁知那东西不但没被一脚踩破，反而膨胀起来，并成倍成倍地加大。海格力斯被激怒了，他顺手抄起一根碗口粗的木棒砸那个怪东西，那东西竟膨胀到把路也堵死了。

正在这时，一位老者走到海格力斯跟前，和颜悦色地对他说：“朋友，快别动它了，忘了它，离它远些吧。它叫仇恨袋，你不惹它，它便会小如当初；你若侵犯它，它就会膨胀起来与你敌对到底。”

仇恨与敌意如同一面不断增长的墙，而宽容与善良则恰似不断拓宽的路。宽容不仅是高尚者所具备的修养，更是一种处世的原则。宽容别人就是在宽容我们自己，我们在宽容别人的同时，也为自己营造了和谐的氛围，为心灵留下一点舒缓的空间。

苏联教育家苏霍姆林斯基说：“有时宽容引起的道德震动比惩罚更强烈。”宽容有时是一种艺术的惩戒，一种无声的教育，在帮助犯错误的人改正错误的同时，还能维护对方的自尊。在人际交往中，通过一定的暗示方法，向他人彰显自己优雅的涵养和宽阔的胸襟，不仅可以修炼自我、提升思想境界，还可以赢得他人的尊重，创造良好的人际关系。

在一家菜市场里，有位年轻女老板经营的摊位生意特别红火。邻近的几家摊贩心生嫉妒，每到收摊的时候，大家都将烂菜叶扫到年轻女老板的摊位前。年轻女老板见后，只是宽厚地笑笑，不但不跟他们争执，反而将垃圾扫到自己的角落里。

这时，旁边一位顾客忍不住问道：“他们都把垃圾扫到你这里，明摆着是欺负你，你为什么一点儿都不生气呢？”年轻女老板笑着说：“在我们老家，每到过年的时候，大家都不会往外倒垃圾。家里的垃圾越多，来年就能够挣更多的钱。你看，他们每天把垃圾扫到我这里，我的生意不是越来越好了吗？”那些嫉妒她的摊贩听后，都羞愧不已。从此，他们的垃圾再也没有在她的摊前出现过了。

这位年轻女老板用与人为善的美德，宽恕了别人，同时也为自己创造了一个融洽的人际环境。

包容别人的错误，原谅别人的过失，自然会赢得别人的尊重，很多矛盾与过节也能够迎刃而解。如果凡事都要斤斤计较，得理不饶人，虽然为自己挣足了面子，实际上却失去了很多宝贵的东西。生活中的磕磕碰碰，有时只需一句善意的道歉、一个真诚的笑脸，向他人暗示你的宽容、表达你的真诚，就足以让所有的矛盾烟消云散。

九变篇

军队越境千里，南北转战，其间地形复杂，情况多变，通信联络不便，因此孙子提出“九变”，为将争“权”。

将帅是一支军队的核心人物，其素质的高低可以决定一支军队的优劣。

万事万物都处在变化之中，要适应不断变化的情况，就不能墨守成规。在一般情况下，利害总是相依相存。在许多情况下，利与害可以互相转化，要善于预见因果利害，使利的因素正常发展，使害的因素向利的因素转化。

原文

孙子曰：凡用兵之法，将受命于君，合军聚众。圮地无舍，衢地交合，绝地无留，围地则谋，死地则战，途有所不由，军有所不击，城有所不攻，地有所不争，君命有所不受。

故将通于九变之利者，知用兵矣；将不通于九变之利者，虽知地形，不能得地之利矣；治兵不知九变之术，虽知五利，不能得人之用矣。

是故智者之虑，必杂于利害。杂于利，而务可信也；杂于害，而患可解也。

是故屈诸侯者以害，役诸侯者以业，趋诸侯者以利。

故用兵之法，无恃其不来，恃吾有以待也；无恃其不攻，恃吾有所不可攻也。

故将有五危：必死，可杀也；必生，可虏也；忿速，可侮也；廉洁，可辱也；爱民，可烦也。凡此五者，将之过也，用兵之灾也。覆军杀将，必以五危，不可不察也。

译文

孙子说：大凡用兵的法则，主将接受国君的指派，征集兵员组织军队，聚集军需。出兵时，不要在塌陷地带驻扎，在四通八达之地应结交边境的邻国外助，遇到危险之地不可停留，遇到前有强敌后有险阻的地方要巧设计谋，陷入“死地”就要殊死拼搏，于我不利的道路不要行军，对有的敌军不要攻击，对有些城邑不要攻占，对有些地方不要争夺，国君的命令有些可以不听从。

将帅能够精通以上九种机变而得好处的，就懂得用兵了；将帅不精通九变之利的，虽然知道地形险要广狭，也不能得到地利。指挥部队而不懂得九变的方法，虽然知道五利，也不能充分发挥军队的作用。

明智的将帅考虑问题，总是兼顾利害两个方面。在有利的情况下，考虑到有害的方面，事情可以顺利进行；在不利情况下，考虑到有利的因素，祸患就可能解除。

所以能制服诸侯是靠计谋高明，能役使诸侯，是靠本国富强的基业、雄厚的实力强迫他，能使诸侯归附调动是靠利益去引诱他。

所以用兵的法则是，不要寄望于敌人不会进攻，而要靠自己拥有的力量使敌人无法进攻；不要寄望于敌人不进攻，而应依靠自己有敌人无法攻破的力量。

将帅有五种弱点：有勇无谋，只知死拼，就可能被敌诱杀；临阵畏怯、贪生怕死，就可能被俘虏；急躁易怒，暴跳如雷，就可能被凌侮；廉洁好名、过于自尊就可能陷入敌人侮辱的圈套；仁慈爱民，唯恐杀伤士众，就可能被敌袭扰得不得安宁。以上五种情况是将帅易犯的过错，是用兵的灾害。军队覆灭，将士被杀，一定是由这五种危险造成的，为将帅的人不可不充分注意。

名家注解

曹操曰：变其正，得其所用九也。

王皙曰：皙谓九者数之极；用兵之法，当极其变耳。《逸诗》云："九变复贯。"不知曹公谓何为九。或曰："九地之变"也。

张预曰：变者，不拘常法，临事适变，从宜而行之之谓也。凡与人争利，必知九地之变，故次《军争》。

谋略精解

中国古代历来把"九"作为数之最大，常常用"九"来形容不可穷尽、无涯无际，如我们常说天有九重、地有九层，还把九州作为中国的代称，宫门建成九重；在《西游记》里，唐僧西天取经，也要历经"九九八十一难"。《九变篇》中的"九"，也是"多"的意思，尽管所列情形确为九种，但我们在理解《九变篇》时，却不可拘泥于此数。在战争中，什么样的情况都可能遇到，什么想象不到的事情都可能发生，远非孙子所列诸项可以尽包。如果仅将视野、思路局限于其列出之数，那么势必会陷于刻板，稍有变化便无所适从，失败在所难免。我们应将实数之九视为无穷数中的典型代表，也就是举其要者而包容其他，择其典型而概括一般。

说完"九"字，就要说说这个"变"字。"变"是《九变篇》

的核心，“变”的主体是统领军队的将帅。孙子强调将帅在作战过程中，应根据实际情况权谋机变，机智灵活地运用战略战术，随机应变，不可墨守成规。也就是“将通于九变之利者，知用兵矣”。至于变通的具体方法，孙子在《九变篇》中着重论述的是地形与将帅素质两个方面。

“变”，是对将帅素质的最起码的也是最高标准的要求。孙子把“通于九变”视为将帅必备的素质，反复说明将帅应精通于“九变之术”，并特别强调对“九变”不通、不知者，便不能承担用兵之责。这里，与在《计篇》五德的智、信、仁、勇、严中，将“智”列于首位的思想是一致的。

孙子在最后指出了“将有五危”，从思想水平和性格特征方面强调了将帅素质的重要性。将帅如果不从实际情况出发，相机变通，只是感情用事、缺乏理性思考，就会招致覆军杀将的厄运。这里，孙子告诫将帅们在临敌运用时应精于变通，其实孙子在文中也很好地表现了变通（或曰辩证）的观点。证之以“将之五德”，勇者一定杀敌必死，信者自然廉洁好名，仁者无不爱民保民，而“杀敌者，怒也”(《作战篇》)，凡此种种，都是孙子正面肯定的观点，在此处却成为将帅们致命的弱点。这当然不是孙子自相矛盾，而是依据实际情况或不同境遇所做的权变，其中关键的因素是分寸，也就是“度”。把握住“度”的大小、多少很重要。“将之五危”也并不是一概地否定“必死”“必生”“忿速”“廉洁”“爱民”，而是强调凡事不可过分，应权之以利害，有所为而有所不为。正如“真理与谬误只有一步之遥”那样，任何偏误都有可能将事物的发展引向其反面。

世界上的事物千差万别，矛盾错综复杂，对每一个矛盾和问题都要具体分析、具体对待，不可千篇一律，泥古不化。这就需要变，改变自己的行动，以适应实际情况的变化，改变（或创造）不利的态势，使形势向有利于自己的方面转化。本篇正是秉承这一主题，深刻反映了客观世界矛盾的多样性和复杂性，特别是在矛盾转化的过程中，各种机遇的出现都带有偶然性和短促性。“利害之变”和“九地之变”都包含着有所不为才能有所为、有所不取才能有所取的朴素辩证思想。无论是从理论上还是从实践上，其正确性与深刻性都是不容置疑的。打仗是你死我活的事情，形势更是瞬息万变，极难捉摸，加之双方都在尽力制造假象、巧施诡计，就更需要灵活机变、相机变通了。

君命有所不受。

兵家活用

将帅受命于君王，然而战场上风云变幻，总有与原来的目的、战术设计不同之处，君王的指令总赶不上“变化”的速度。因此，“君命有所不受”是将帅进行指挥的重要原则。若机械地执行君王指令而不考虑战场形势和实际情况，只能导致良机错失、作战失败。因此，将帅要根据具体情况变通应敌，临机处置。

建安十六年（公元 211 年），偏将军马超等人谋反，杀了凉州刺史韦康。建安十九年（公元 214 年），韦康旧部赵衢、尹奉、姜叙等人起兵征讨马超。姜叙在卤城，马超在冀城，赵衢等人诱使马超出城攻打姜叙，使整个冀城一片空虚，赵衢等人乘机攻入冀城，将马超的妻子杀死。马超久久不能攻下卤城，又回不了冀城，只好逃奔汉中。姜叙等人兵少，寡不敌众，不敢贸然去追。

姜叙派人找夏侯渊求援。夏侯渊与手下诸将商议此事，诸将都说没有曹操的命令不便行动。夏侯渊却认为，将在外，应当审时度势，怎么有利就怎么做。他说："曹操在邺城，从这里去往返一趟就有四千里地，等命令来时，姜叙他们早就被马超打败了，非赶快去救援不可。"

于是，夏侯渊命令部将张郃率五千步骑兵，从陈仓一条小路去追击马超，他自己在后面押运粮草督阵。马超如丧家之犬，战斗还没打响他就跑了，丢下的大批军用物资成了张郃的战利品。夏侯渊赶到时，支持马超谋反的各县都已献城投降。

和马超一起叛乱的韩遂，此时正在不远处的显亲，夏侯渊想袭击显亲，斩杀韩遂。韩遂得到消息后，连夜逃走。夏侯渊与部将们商议下一步的行动计划，有的说应立即攻击韩遂，有的说应去攻打兴国。夏侯渊认为，韩遂有精兵强将，兴国的城池很牢固，攻击哪一个都不可能立即得手，不如采取调虎离山之计，先去攻打长离的诸羌子弟，其中有很多在韩遂的部队中当兵。如果韩遂舍弃长离，羌人子弟就无家可归；如果韩遂去救长离，就把韩遂诱出了城，可以和他在野外作战。众将官认为主帅说得有理，遂按计划行动。

夏侯渊留下督将看守军需物资，亲率轻兵步骑去长离，攻烧羌屯，斩杀和抓获了很多羌人。在韩遂军中的羌人将士纷纷奔回自己的部落。韩遂也率兵出城去救长离，被夏侯渊拦在半路。

夏侯渊的部将见韩遂的兵马很多，建议挖壕沟打持久战。夏侯渊却说："我们围城战千里，现在挖沟扎营，士兵们会很疲惫的，不能坚持多久。韩遂兵马虽多，我看很容易打败他。"于是夏侯渊下令擂起战鼓，手下将士神威大振，高喊着冲向韩遂的阵地，韩遂手下的将士人心已散，毫无斗志，顿时乱了阵脚，四散奔逃。

夏侯渊得胜回图阳，稍事修整，又兵围兴国城。兴国五千人逃奔马超而去，其余的人都投降了夏侯渊。夏侯渊又乘势扫荡了高平等地，缴获了很多粮草和牛马。

夏侯渊审时度势，赶马超，追韩遂，破兴国，平高平，连战皆捷。仗都打完了，曹操所派的节度使才拿着曹操的命令赶来。

处世活用

在一线战场上，“君命有所不受”指的是将领有临机处置的权力，不必事事都要请示国君。在工作、管理过程中，“君命有所不受”更多的是指管理者或工作人员，在不影响大局的前提下灵活变通。

企业界盛传着这样一则故事：两个同龄的年轻人林克和汤杰同时受雇于一家蔬菜批发连锁店，并且拿同样的薪水。可是过了一段时间，叫林克的小伙子青云直上，而汤杰却仍在原地踏步。

汤杰很不满意老板的不公正待遇。终于有一天他带着满腹牢骚到了老板那儿。老板一边耐心地听着他的抱怨，一边在心里盘算着如何让他清楚他和林克之间的差别。“汤杰，”老板开口说话了，“你到菜市场上去一下，看看今天卖什么。”

汤杰从菜市场上回来向老板汇报说，只有一位农民拉了一车番茄在卖。

“有多少？”老板问。

汤杰赶快戴上帽子又跑到菜市场，然后回来告诉老板一共四十口袋番茄。

“价格是多少？”

汤杰又第三次跑到菜市场问来了价钱。

“好吧，”老板对他说，“现在请你坐到这把椅子上一句话也不要说，看看林克怎么说。”

林克很快就从菜市场上回来了，汇报说到现在为止只有一位农民在卖番茄，一共四十口袋，价格是四十元一袋。番茄质量很不错，他带回来一个让老板看看。这位农民一个钟头以后还将弄来几箱土豆，据他看价格非常公道。昨天他们店铺的土豆卖得很快，库存已经不多了。他想这么便宜的土豆，老板肯定会要进一些货的，所以他不仅带回了一个番茄做样品，而且把那个农民也带来了，他现在正在外面等回话呢。

此时老板转向了汤杰，说："现在你肯定知道为什么林克的薪水比你高了吧？"

汤杰跑了三趟才在老板的不断提示下了解了菜市场的部分情况，而林克仅走了一趟，就掌握了老板需要和可能需要的信息。两个人能力的高下，一望即知。

现实工作中有不少人像汤杰那样，上司吩咐什么，就干什么，自己从不动脑筋主动去想任务以外的事情，结果长期不被重用，还不明就里，抱怨命运的不公和老板的偏心。而像林克那样办事高效、灵活的人，不仅圆满完成了领导交给的任务，还有自己的见解，主动给领导提供参考意见和尽可能多的信息，那么他得到领导的赏识和青睐亦在情理之中。

智者之虑，必杂于利害。

兵家活用

战争中的利与害亦虚亦实，互相依存，互相转化，是对立统一的关系，贯穿于战争的全过程。凡兴师作战，其利害总是存在于将帅的思维和决策之中。作为全军的指挥，在实施作战指导时，若只考虑利而不考虑害就会麻痹大意，轻举妄动。相反，如果只考虑害而忽视利，就会丧失信心，动摇士气。

官渡之战，袁绍大败，忧丧而病故。少子袁尚继位，而长子袁谭不平，命车骑将军驻黎阳。袁尚也怀疑其哥哥，拨给他的兵力很少，还派亲信跟随监视。曹操在官渡之战后，继续进攻袁尚兄弟，先渡黄河攻袁谭，袁谭向袁尚告急。袁尚想发兵救助，又怕袁谭得了兵众不还，就亲自率兵救助，与曹操战于黎阳，大败。袁军夜逃，曹军追到邺城下。连战数克，诸将欲乘胜攻城，郭嘉却在大胜之际提出撤军，南征刘表。他说：“袁绍爱此二子，莫适立也。有郭图、逢纪为之谋臣，必交斗其间，还相离也。急之则相持，缓之而后争心生。不如南向荆州若征刘表者，以待其变；变成而后击之，可一举定也。”曹操对郭嘉提出的消灭二袁的谋略连连称赞。

郭嘉当时提出放弃进攻，待二袁自相残杀，再一举得胜的谋略，是建立在对袁氏政权内部矛盾深刻分析的基础之上的，是非常高明的谋略。当时，二袁之间存有矛盾，如若急攻，二袁则共处灭亡之险境，必然会为免于灭亡而共同抗曹以求存；而如撤军，假装回军进攻刘表，二袁就没了外忧，内部矛盾上升，定会自相争斗。唐代柳宗元《敌戒》中说的“敌存而惧，敌去而舞……敌存灭祸，敌去召过”就是这个道理。曹操于是在建安八年（公元203年）八月下令撤军，南征刘表。二袁大喜，随之二袁争夺冀州。袁谭被打败，向曹操请降。曹操假装南征刘表，意在两袁。见二袁如郭嘉所料，正中圈套，不禁大喜，答应袁谭的请求，出兵救援。袁尚退守邺城。曹军于建安九年（公元204年）八月破邺城。十二月又转手杀袁谭。郭嘉的谋略一步步顺利实现。

处世活用

在处理问题时，人们容易犯的一个错误就是片面性，顾此失彼。为了求得正确的解决办法，你必须左思右想，权衡利弊，全面考虑。

当你在思考某一复杂问题时，切不要急于做出肯定或否定的结论。要想一想这个问题在历史上有什么经验教训，现实生活中有什么新的情况，在条件许可的情况下，不妨亲自去观察一下，然后再下结论。

北宋时，西夏主李继迁骚扰西部边疆，保安军擒获了李母。宋太宗想把她杀掉，又犹豫不决，请枢密使寇准商议此事。议定后，寇准回家路过相府，将结果告诉宰相吕端。

吕端问："这件事准备怎样处理？"寇准告之："准备斩首，以惩戒凶逆。"吕端说："如此未必合适。"他于是进见皇帝，说："从前项羽欲烹高祖父太公以示威于高祖，而高祖却说愿分得一杯羹。举大事者是不顾父母的，何况李继迁是个不孝之子呢。陛下今天杀其母，明日能抓住李继迁本人吗？如若不然，只能增添其对宋的仇恨，反而使其志坚。臣以为，应将李母安置于延州，好好服侍，以招来李继迁。他即便不降，也可用此事拴住他的心。"太宗听罢称赞，以此为理。后来继迁母死于延州，继迁死后，其子投诚。

当人被某事某物所惑时，往往会不顾利害得失而匆匆行动，从而不免受挫。而兼顾利害得失者，无论办什么事都不会陷入困境。

故将通于九变之利者，知用兵矣。

兵家活用

公元1161年（南宋绍兴三十一年），宋、金两军船队在胶西海域相遇，完颜郑家率金军停泊在陈家岛，李宝率宋军停泊在石臼岛，两岛只隔一山，相距30余里。金军数倍于宋军，完颜郑家似乎感觉胜券在握，且认为两军距离尚远，因此未做临战准备。李宝先发制人，先以部分战船切断金军退路，随即命前锋船队借助风势，以火药为武器向金军船队猛攻。金军舰船皆以松木制造，以油绢为帆，顿时火光冲天，大部分舰船被烈火吞没，损失惨重。宋军趁机进攻，只有少数金军战船逃脱，其余大部被歼灭。

本来金军舰船陈兵胶西海域，人多势众，占据天时、地利，但其将帅不通九变之利，其将士不习水战，导致惨败。相反，宋军将领李宝审时度势，全面侦悉了敌情，因势利导，采取了火攻的方式大败金军。

处世活用

晋朝时，司马睿的叔父被司马颖杀害，司马睿害怕祸及自己，于是秘密出逃，但是司马颖已经事先通知各关卡、渡口，不准贵族通过。因此，当司马睿来到河阳时，被渡口的官员给拦住。随从宋典赶到后见此情景，心生一计。

他急匆匆跑到司马睿的跟前，举起马鞭说：“怎么你这个小小的驿站长也在被禁之列？”说完哈哈大笑起来。渡口官员真以为司马睿只是驿站长，于是放他过去了。宋典的随机应变让他们主仆俩顺利通过了渡口，逃离了危险。

将有五危：必死，可杀也；必生，可虏也；忿速，可侮也；廉洁，可辱也；爱民，可烦也。

兵家活用

孙子指出，“将有五危”。这是从思想水平和性格特征方面强调将帅素质的重要性。致敌必死，保己必生，刚烈不屈，廉洁爱民，就是为将帅者的基本特征，但如若走向片面，不从实际情况出发，相机变通，而是感情用事、缺乏理性思考，就会招致覆军杀将的厄运。

“必死，可杀也。”“必死”是勇敢的表现。勇敢固然是将帅应当具备的品格，然而勇敢必须同适度结伴而行，这样才能所向无敌。“必死”是一种极端的勇敢。物极必反，勇敢走向极端则为“必死”，只知道勇敢地拼杀，在瞬息万变、充满诡道的战争中就可能被杀，他所指挥的军队也容易被歼灭。

“必生，可虏也。”求生，无可厚非，孙子的“自保而全胜”“不战而屈人之兵”思想皆以求生为前提。毛泽东也强调“保存自己，消灭敌人”。然而，求生必须同勇敢结伴而行，这样才能出战果。“必生”是一种极端的求生，只知道一味地保全自身，实际上就走向了怯弱。

“忿速，可侮也。”将帅如果急躁易怒，就容易中敌人轻侮之计。义愤填膺是一种正常的情感，它是由正义而激起的愤怒。然而，愤怒应当与持重结伴而行，这样才能做出正确的举动。

“廉洁，可辱也。”廉洁本身是美德，然而，廉洁应当与忍辱结伴而行，这样才不致失之偏颇。廉洁过了头，太看重自己的名声，就容易气量狭小，不甘受辱，而敌军掌握了将帅的这一性格特征后，便可造谣诽谤，甚至无中生有地制造一些有损于将帅人格的恶语。将帅如果过于廉洁好名而不能忍受这种污辱，内心便会失去平静，进而容易中计而招致失败。

“爱民，可烦也。”爱民本是一种好品格，然而爱民又必须同审慎结伴而行，这样才不至于贻误战机。爱民过了头，唯恐伤了老百姓而一味地掩护他们，就会更加耗时耗力。将帅爱民品格若被敌知，敌军往往会用奇兵袭扰百姓，这就可以引诱“爱民”的将帅出战，从而使将帅中敌计而招致战败。

处世活用

孙子用“将有五危”告诫将帅们在临敌运用时应精于变通，他不是一概否定“必死”“必生”“忿速”“廉洁”“爱民”，而是强调凡事不可过分，应较之以利害，把握好“度”，有所为而有所不为。

商鞅在秦国实行变法之初，为了能取得百姓的信任与支持，便在都城咸阳的南门立了一根三丈长的木杆，声明说，谁能将这根木头搬到北门去，便赏他十金，事小而赏，老百姓都觉得很奇怪，谁也没有干。商鞅又宣布：“能搬到北门去的，赏五十金。”重赏之下必有勇夫，有一中年汉子抱着试试看的心情给搬了过去，商鞅立即给了他五十金，以此表明他说话是算数的，接着便颁布了变法的命令。

新法颁行一年多，反对者无数，连太子也不以为然，而且犯了法。商鞅说：“变法的法令之所以不能贯彻执行，是由于上层有人故意反抗。”便想拿太子开刀，刑之以法。可是太子是国君的接班人，是不能施刑的，太子的两个老师便当了替罪羊，一个被割掉了鼻子，一个在脸上刺了字。当时，商鞅深得秦孝公的宠信，权势极盛，太子也拿他无可奈何。

商鞅的变法取得了巨大的成功，经过十几年的时间，秦国的国力得到了极大的充实，武力得到了极大的增强，由一个西部的边鄙小国一跃而成为七雄之首。

然而，正当商鞅的权势如日中天之时，秦孝公死了，太子继位，是为秦惠文王。他一上台，他的老师便出面告发，说商鞅想要谋反，惠文王下了逮捕令，商鞅匆匆忙忙逃离咸阳，当他来到潼关附近想要投宿，旅店的主人也不知道他就是商鞅，拒绝收留他，说道："根据商君的法令，留宿没有证件的客人是要进监狱的！"商鞅这才是真正的作法自毙，他走投无路，被逮捕，车裂（五马分尸）于咸阳街头，家人也被杀害。

行军篇

“行军”的主旨是“处军”和“相敌”。“处军”即指部队行军和作战方法，宿营的原则和方法。“相敌”即指战场观察的方法。

行军是一个不断变化的过程，随时会面临困难、面临选择。因此，孙子在本篇提出了“令之以文，齐之以武”的文武兼用之治军原则。

原文

孙子曰：凡处军、相敌：绝山依谷，视生处高，战隆无登，此处山之军也。绝水必远水；客绝水而来，勿迎之于水内，令半济而击之，利；欲战者，无附于水而迎客；视生处高，无迎水流，此处水上之军也。绝斥泽，惟亟去无留，若交军于斥泽之中，必依水草而背众树，此处斥泽之军也。平陆处易，而右背高，前死后生，此处平陆之军也。凡此四军之利，黄帝之所以胜四帝也。

凡军好高而恶下，贵阳而贱阴，养生而处实，军无百疾，是谓必胜。丘陵堤防，必处其阳，而右背之，此兵之利，地之助也。

上雨，水沫至，欲涉者，待其定也。

凡地，有绝涧、天井、天牢、天罗、天陷、天隙，必亟去之，勿近也。吾远之，敌近之；吾迎之，敌背之。

军行有险阻、潢井、葭苇、山林、蘙荟者，必谨覆索之，此伏奸之所处也。

敌近而静者，恃其险也；远而挑战者，欲人之进也；其所居易者，利也；众树动者，来也；众草多障者，疑也；鸟起者，伏也；兽骇者，覆也；尘高而锐者，车来也；卑而广者，徒来也；散而条达者，樵采也；少而往来者，营军也；辞卑而益备者，进也；辞强而进驱者，退也；轻车先出，居其侧者，陈也；无约而请和者，谋也；奔走而陈兵车者，期也；半进半退者，诱也；杖而立者，饥也；汲而先饮者，渴也；见利而不进者，劳也；鸟集者，虚也；夜呼者，恐也；军扰者，将不重也；旌旗动者，乱也；吏怒者，倦也；粟马肉食，军无悬缶，不返其舍者，穷寇也；谆谆翕翕，徐与人言者，失众也；数赏者，窘也；数罚者，困也；先暴而后畏其众者，不精之至也；来委谢者，欲休息也。兵怒而相迎，久而不合，又不相去，必谨察之。

兵非益多也，惟无武进，足以并力、料敌、取人而已。夫惟无虑而易敌者，必擒于人。

卒未亲附而罚之，则不服，不服，则难用也；卒已亲附而罚不行，则不可用也。故令之以文，齐之以武，是谓必取。令素行以教其民，则民服；令不素行以教其民，则民不服。令素行者，与众相得也。

译文

孙子说：在不同地形上据守布置军队和观察判断敌情虚实，应该注意：在经过山地，要靠近有水草的山谷行进。驻扎时，要选择居高向阳的地方。如敌人占领高地，不要仰攻。这些是在山地行军的原则。横渡江河以后应远离河岸驻扎，如果敌军渡水来攻，不要在江河中迎击，而要在他渡过一半，一半未渡时去攻击他，这样才有利。如果要与敌军交战，不要靠近江河水边列阵迎敌。在江河地带驻扎，要居高向阳，不要逆着水流在敌军下游布阵驻扎。这是在江河地带行军作战的原则。经过盐碱沼泽地带，就迅速离开，不要停留，若在沼泽地区与敌军遭遇，就必须靠近水草而且要背靠树林，这是在盐碱沼泽地带行军作战的原则。在平原上行军作战，要选择占领地域开阔、地势平坦的地方，最好要背靠高地，前低后高，这是在平原地带行军作战的原则。以上四种“处军”原则的好处，就是黄帝能战胜“四帝”的重要原因。

凡是驻军总是喜欢干燥的高平地带而讨厌潮湿的低洼地带，重视东南向阳方，而避开西北阴暗地面。驻扎在生活便利和地势居高向阳的地方，人马得以休息，军需供应充足，将士就不至于发生各种疾病。这是军队必胜的一个重要条件。在丘陵、堤防地带，必须占领它向阳的一面驻扎，并且要翼侧背靠着它为上。用兵的这些好的措施，是得自地形的辅助。

河流上游下大雨，洪水突至，要涉水，必须等水势平稳以后再渡。

凡是遇到“绝涧”“天井”“天牢”“天罗”“天陷”“天隙”等地形，必须迅速离开，不要接近。(以上六害之地）我们应该远离它；让敌人去靠近它，我们应面向它，让敌人去背靠着它。

军营两边有山川险阻之地，潢井低洼之地或多林木，或生芦苇，草木茂盛蒙蔽遮盖的地方，必须谨慎仔细地反复搜索，这些都是容易隐藏伏兵和奸细的地方。

敌军离我很近而安静的，是倚仗它占领了险要地形；敌军离我很远而来挑战的，是企图引诱我进击；敌人之所以驻扎在平坦的地方，是因为据有有利条件；窥见离敌不远有许多树木摇动，是敌隐蔽前来；杂草丛生的地方有许多障碍，是敌人布下疑阵，企图迷惑我；群鸟突然惊飞，是下面设有伏兵；走兽惊骇猛跑，是敌人大举突袭；尘土高扬而锐直的，是敌人战车驶来；尘土低而宽是敌人的步兵开来；尘土疏散飞扬，是敌人打柴割草；尘土少而时起时落，是敌军察看地形准备扎营；敌人使者言辞谦逊却又在加紧战备的，是要准备进攻；措辞诡诈而强硬做出进逼姿态的，是准备撤退；敌方将便于驰骤的轻车先出动，部署在翼侧的，是在布阵势，准备作战；敌方尚未受挫，没有预先约定而突然来讲和的，是另有阴谋；敌方急速奔走并整列兵员车马的，是期待士兵准备与我决战；敌军半退半进的，是企图引诱我军；敌兵倚着兵器站立的，是因为饥饿缺粮；打水急于先饮的，是因为干渴缺水；敌人见利而不前进，是因为士兵疲劳已极。敌兵营寨聚集鸟雀，说明营寨已空虚无人；敌营夜间士卒惊叫，说明敌军恐慌；敌营惊扰纷乱，是因为将领无威严，不能持重；敌营旗帜摇动不定，是因为队伍已经混乱；敌军官急躁易怒，是敌军疲倦困乏；敌人杀牲口吃，知其军中无粮；收拾起炊具，不返回营舍的，是准备拼命突围的穷寇；敌兵在一起低声议论，强悍不满，是因敌将失去人心；不断犒赏士卒的，说明敌军势力穷奢，已没有办法；不断惩罚部属的，是因为处境困难；将帅先对士卒强暴后又惧怕士卒的，说明将领太不精明，失尽威信；敌人派使者拿着礼物，措辞委婉，态度谦逊来传话，是想休兵息战；敌军盛怒向我前来，但久不交锋接战。又不离去，必须谨慎地观察它的企图。

兵力并不是越多越好，只要不轻敌冒进，而集中兵力、判明敌情虚实，取得部下信任，也就足够了。那种既无深谋远虑而又轻敌妄动的人，必定会被敌人俘虏。

将帅在士卒亲近依附时，就贸然处罚，他们一定不服，人心不服就很难使用。如果士卒已经亲近依附，纪律仍不执行，这样的军队也不能用来作战。所以要用怀柔的手段来颁布政令，用严格的手段去管束他们，这样的军队打起仗来必定能取胜。平素能严格贯彻命令，教育士卒，士卒就会服从；平素不严格贯彻命令，教育兵卒，兵卒就不会服从。军令平素就有很高威信的，表明将帅与兵卒之间相处融洽、互相信任。

名家注解

曹操曰：择便利而行也。

王皙曰：行军当据地，便察敌情也。

张预曰：知九地之变，然后可以择利而行军，故次《九变》。

谋略精解

在现代军事用语中，“行军”涉及的只是行进过程本身而不包括其他，单纯指由一个地方转移到另一个地方去的行动。《行军篇》中所讲的“行军”，意义与现代军事用语差异较大，它涉及的范围几乎包括了军事活动的大部分内容，不仅包括了军队转移运动的现代意义，还包括了作战、观察地形、驻扎安营、判断敌情、团结管理内部等诸多内容。

《行军篇》所论述的主要内容，是军队在不同的地理环境和战争态势下，行军作战、驻扎安营、观察利用地形、分析判断敌情，以及处置部署部队的基本原则，分为“处军”“料敌”“治军附众”三个方面。

孙子在最后提出的“令之以文，齐之以武”的治军原则，成为当今管理者普遍熟知的常识，葆有强大的生命力。“素行教民”则强调将帅要以身作则，在行动上做部下的榜样和表率，更具有概括性和针对性，在任何时代、任何区域都不会过时，被后世的军事家、政治家乃至某些团体、组织的领导者们广泛使用。

半济而击之，利。

兵家活用

“半济而击”，即当敌人渡水作战时，要抓住它正在渡水、部队无法展开的机会发起攻击，歼敌于水际滩头。这是古代敌对双方隔水作战时常用的一种谋略。

半济而击之法最早起源于何时何地尚不得而知。公元前506年，吴王阖闾在孙子、伍子胥等人的辅佐下，起兵伐楚。吴军纵横数千里，连战皆捷，遂拔郢都。在吴军发起的一系列战役中，吴军先锋夫概在清发水（约为今湖北安陆、随县的涢水）趁楚军半渡之时，发起一场犀利的攻击。这是历史上较早的半济而击战例。

吴楚交锋，楚军连连败北，锐气已挫。先锋夫概建议趁楚军兵无斗志、将帅不和之机，全线发起攻击，吴王没有同意。夫概认为，为将之道，应见机而行，不必等待命令；拼死一战，说不定能彻底打败楚军，到时候吴王怪罪下来，也可将功折罪。于是，他擅自率领所属五千人马进攻楚军大营。毫无防备的楚军一触即溃，吴王率军全力投入交战，楚军全线溃退，主师子常逃奔郑国。吴军乘楚军失去主帅，群龙无首，部队混乱之际，向西进行战备追击，在清发水追上了楚军。吴王正要下令攻击，夫概劝阻说：困兽犹斗，何况是人，若逼之太急，楚军会死力拼搏的。不如暂且驻兵，待楚军半渡之时再行攻击。到那时，楚军先渡河的幸免于难，无心恋战；后渡河的羡而争渡，也会失去斗志，我军定能大获全胜。吴王接受了这一建议，孙子率中军赶来时，也称赞夫概的好主意。

楚军大将芜射初闻吴军追来，准备列阵，与其决一死战，又闻吴军复退，以为吴军不敢穷追，即下令五鼓饱食，全军渡江。谁知部队十停刚刚渡过三停，吴军就杀来了。楚军士卒争相渡江，顿时大乱，芜射制止不住，只得乘车疾走。混乱中的楚军随其主将乱闯乱窜。吴军从后掩杀，杀得楚军尸横遍野，掠取旗鼓戈甲无数。追至雍澨（今湖北京山西南），再败楚军的援军，接着吴军又连续打了几个胜仗，于公元前506年占领了楚国的国都郢城。

正在半渡中的部队，有的已渡到彼岸，有的处在正渡之中，有的还在等待渡越，队伍散乱，形不成整体战斗力。这种时候若受到攻击，通常是难以招架的，而对进攻者来说，则是千载难逢的好机会。

孙子先作兵法十三篇，出山后开始给吴王讲授。夫概作为吴王阖闾的胞弟，自然对孙子兵法有所了解。他能在楚军败退到清发水时及时提出正确战略，也称得上学以致用了。

处世活用

“半济而击之”，就是在对手已经开始行动，还未达到目的的时候下手，这个时候进攻对手不仅理由充分，而且取胜的把握也非常大。

两晋末年，幽州都督王浚企图谋反篡位，晋朝皇帝派名将石勒去平叛。不过王浚势力强大，一时硬打硬拼难以取胜。石勒认为作战时机还不成熟，决定采用“欲擒故纵”之计麻痹王浚。他派门客王子春带了大量奇珍异宝敬献王浚，并写信向王浚表示准备投靠并拥戴他为天子。信中言辞恳切，并对王浚进行吹捧。王浚信以为真，竟有些飘飘然。正在这时，王浚的部下游统伺机反叛王浚，准备投靠石勒，石勒却杀了游统，并将游统的脑袋割下送给王浚。这使得王浚对石勒更加放心。

公元314年，石勒探听到幽州遭受水灾，百姓们粮食断绝，而王浚却不顾百姓死活，苛捐杂税有增无减，致使百姓怨声载道，军心不稳。石勒见时机成熟，便亲自率军攻打幽州。当年四月，石勒率部攻打到幽州城，王浚还蒙在鼓里，以为石勒来拥戴他称帝，根本没有准备应战，还没明白怎么回事儿就已经身首异处了。

王浚刚开始造反时，石勒并没有足够的实力歼灭他，而且当时不易获得幽州军民的全力支持，于是他首先设计稳住了王浚，然后暗中积蓄力量，等待时机成熟。幽州遭受水灾，而王浚又激起民愤时，石勒才借机一举歼灭了他。

令之以文，齐之以武。

兵家活用

李从珂是五代后唐人，从小就跟随后唐明宗李嗣源南征北战，立下汗马功劳，被封为潞王。李嗣源死后，其子李从厚继位，史称闵帝。闵帝年纪小，由朱弘昭等人把持朝政。朱弘昭将朝廷重臣贬的贬，黜的黜，李从珂也难逃厄运，于是在凤翔（今陕西省宝鸡市凤翔区）起兵。朝廷闻报，立即派西都留守王思同领兵征讨。

凤翔城墙低矮不坚固，护城河也很浅。王思同没费多少力气就连克凤翔东西羌城，直逼凤翔城下。李从珂见形势险峻，便冒险登上城楼向城外将士声泪俱下地喊道："我从小就跟随先帝出生入死，打下今天的江山，如今朝廷奸邪之人当道，挑拨我们的骨肉之情，我有什么罪过，非要置我于死地呢？"

王思同手下兵将都曾跟随李从珂出征过，十分同情李从珂。

羽林军指挥使杨思权跟朱弘昭不合，便乘机大喊道：“大相公（李从珂）才是我们的真正主人啊！”遂率领自己的部队投降了李从珂。杨思权进入凤翔城，要求李从珂在攻克京师后封他为节度使，李从珂当即在白纸上写下“思权可任邠宁节度使”九个字。这一消息传到其他还在攻城的将士中间，有人嚷道：“杨思权已经入城受封了，我们还拼什么命啊？”将士们闻言，纷纷扔下兵器，要求归顺李从珂。王思同见大势已去，只好抛下军队逃命去了。

李从珂由败转胜，倾尽财物犒赏将士，并发布东进命令：凡攻入京都洛阳者，赏钱百缗（1000 文为 1 缗），将士欢声雷动。

王思同逃回洛阳，闵帝惊慌失措。侍卫亲军指挥使康义诚率兵去征讨李从珂，结果全军投降了李从珂，引导李从珂杀入洛阳。在这样的情况下，太后被迫下令废除闵帝，立潞王李从珂为帝。

李从珂即位后，下诏打开库府犒赏将士以兑现出征时的诺言，哪知道库府空空如也，但是犒赏所需费用高达 50 万缗。李从珂只得以各种手段搜刮民财，逼得老百姓上吊投井。把宫廷中的各种器物，包括太后、太妃的簪珥都拿了出来，才勉强凑了 20 万缗，还缺五分之三。

端明殿学士李专美劝说李从珂道：“国家的存亡在于修法度、立纲纪，如果一味犒赏，即使有无穷的财宝也填不满骄兵的贪欲。”李从珂也认为李专美言之有理，便不再对将士一味纵容，但他唯恐有乱，不敢从根本上立纲纪、修法度，对违法乱纪行为也是大事化小，小事化了，一味迁就。

李从珂即位后的第三年，河东节度使石敬瑭兴兵造反。由于李从珂治军不严，纲纪不明，派出去平叛的军队降的降，逃的逃，石敬瑭长驱直入洛阳，李从珂登楼自焚，后唐从此灭亡。

处世活用

恩表示给对方恩惠，能笼络人心，表达诚意；威表示给对方施加压力，能迫使对手屈服、就范。“恩”“威”各自用得恰到好处（恩威并施）就是妙计一条。

例如，《三国演义》中，诸葛亮在北伐时曾遇到一名智勇双全的将领姜维，诸葛亮爱才心切，欲收其为入室弟子。他多方设计，首先逼迫姜维主弃亲离，在其走投无路正想自杀的时候，对他好言相劝、良言相扶，并把他母亲平安送来……姜维感动得热泪纵横，下马跪拜。诸葛亮用的正是恩威并施之法。

又如，20世纪初，美国华尔街“大佬”摩根从卡内基手中购得联邦钢铁公司，为此他需要全美最大最好的矿山梅瑟比矿山，然而梅瑟比矿山当时却在“石油大王”洛克菲勒手中。洛克菲勒不肯轻易把矿山转让给他，摩根则凭借财力给小洛克菲勒施“威”，说自己是领导美国经济的大人物，又给老洛克菲勒施“恩”，承诺将用联邦钢铁公司的股票交换。

恩威并施的结果，就是洛克菲勒乖乖就范，摩根取得了梅瑟比矿山，达到了自己预期的目的。

恩威并施之计的好处在于两面入手，各取所长，各补所短，相得益彰。单一施恩容易使对方认为你妥协退让而越发嚣张；单一施威也容易适得其反，加剧对方逆反心理。恩威并施则能弥补两者，让对方欲哭不能，欲罢还难。

令素行以教其民，则民服；令不素行以教其民，则民不服。令素行者，与众相得也。

兵家活用

为了更好地领导士兵，将帅应该以身作则，做好部属的表率，成为士兵的榜样。邓艾是三国后期魏国名将，出身贫寒，少年丧父，曾为人放牛。但他胸怀大志，用功自学，尤喜习兵演武，成年后即从戎，做了典农都尉学士。因口吃，改任后勤负粮秣之责的官吏。司马懿发现他很有才华，擢升其为掾隶，任专管文书章奏的尚书郎。后因出策屯田富国足兵和领兵征战功绩卓著，历任南安太守、镇西将军、都督陇右诸军事、太尉等职，封邓侯。

邓艾是位叱咤风云的将帅，他始终十分注意表率作用，并严格要求自己。年轻时，他就非常注意自己的行为规范。一次他经过名臣陈实之墓，见其碑文上刻有"文为世范，行为士则"的铭文，就自取名为"范"，字"士则"，后来发现宗族中有字相同者，乃改为"士载"。此后一生，他始终坚持"行为士则"的信念。

作为出色的军事谋略家，他不仅重视指挥作战，而且非常重视以身作则，带好士兵。他关心士兵疾苦，与士兵同甘共苦，在长期的军旅生活中，他处处身先士卒，干在士兵之前，"身披乌衣，手执耒耜，以率将士"。他在攻蜀中遇到艰险时，带头"以毡自裹，推转而下"，使将士们也能跟着"攀木缘崖，鱼贯而进"，取得了战争的胜利。

邓艾坚持"行为士则"的信念，还突出地反映在从严治军和不徇私情上。在进军巴蜀的战斗中，蜀将在绵竹摆开阵势，抗击魏军。邓艾遣其子邓忠和司马师纂分别从左右攻击蜀军。邓忠和师纂激战失利，败下阵来，回报邓艾道："敌军强大，不可战胜。"邓艾大怒道："存亡之分，在此一举，何不可之有？"严厉斥责邓忠和师纂，并准备立即执行军纪，斩杀二人。邓忠、师纂忙请罪重返战场再战，戴罪立功，终于攻下绵竹，打败了诸葛瞻，直捣成都。

处世活用

《论语》中有"其身正，不令而行；其身不正，虽令不从"。这句话也是告诫领导者必须品行端正，谨慎从事，以身示范。

领导者的言谈举止、音容笑貌、喜怒哀乐等会直接影响到部属和群众。如果他自身的行为规范、得体，即使不制定任何法令（规章）制度，人们也能自然地效法他的行为，走正道，做正事；如果他自身的行为不正，胡作非为，即使制定严格的法令、法规，人们也不会执行。

地形篇

地有六形，兵有六败。用兵作战，要了解地形。地理条件是用兵作战的重要因素。判断敌情，谋求战机，掌握地形的险要程度及远近，这是将帅的职责。

了解敌人的虚实并知道自己的强弱，这样就会减少危险；知天时，据地利，战胜之功方可万全。

原文

孙子曰：地形有通者、有挂者、有支者、有隘者、有险者、有远者。我可以往，彼可以来，曰通。通形者，先居高阳，利粮道，以战则利。可以往，难以返，曰挂。挂形者，敌无备，出而胜之；敌若有备，出而不胜，难以返，不利。我出而不利，彼出而不利，曰支。支形者，敌虽利我，我无出也；引而去之，令敌半出而击之，利。隘形者，我先居之，必盈之以待敌；若敌先居之，盈而勿从，不盈而从之。险形者，我先居之，必居高阳以待敌；若敌先居之，引而去之，勿从也。远形者，势均难以挑战，战而不利。凡此六者，地之道也，将之至任，不可不察也。

故兵有走者、有弛者、有陷者、有崩者，有乱者、有北者。凡此六者，非天之灾，将之过也。夫势均，以一击十，曰走；卒强吏弱，曰弛；吏强卒弱，曰陷；大吏怒而不服，遇敌怼而自战，将不知其能，曰崩；将弱不严，教道不明，吏卒无常，陈兵纵横，曰乱；将不能料敌，以少合众，以弱击强，兵无选锋，曰北。凡此六者，败之道也，将之至任，不可不察也。

夫地形者，兵之助也。料敌制胜，计险厄远近，上将之道也。知此而用战者必胜，不知此而用战者必败。

故战道必胜，主曰无战，必战可也；战道不胜，主曰必战，无战可也。故进不求名，退不避罪，唯人是保，而利合于主，国之宝也。

视卒如婴儿，故可与之赴深谿；视卒如爱子，故可与之俱死。厚而不能使，爱而不能令，乱而不能治，譬若骄子，不可用也。

知吾卒之可以击，而不知敌之不可击，胜之半也；知敌之可击，而不知吾卒之不可以击，胜之半也；知敌之可击，知吾卒之可以击，而不知地形之不可以战，胜之半也。故知兵者，动而不迷，举而不穷。故曰：知彼知己，胜乃不殆；知天知地，胜乃不穷。

译文

孙子说：地形有“通形”“挂形”“支形”“隘形”“险形”“远形”六类。凡是我们可以去，敌人可以来的地域叫“通形”。在“通形”地区，要抢先占领地势高而向阳的地方，保证粮道畅通，这样与敌交战就有利。凡是可以前往，不易返回的地方叫作“挂形”。在“挂形”地区，如果敌军没有防备，就可以出击战胜他，如果敌军有防备，出击不能取胜，难以返回，就于我不利了。我军出击不利、敌人出击也不利的地方，叫作“支形”。在“支形”地区，敌人虽然以利诱我，也不要出击，最好是带领部队假装离去，诱使敌军前出一半时再回兵突然发起攻击，这样就有利。在“隘形”地区，我军若先敌占据，就要用重兵封锁隘口，等待敌人来攻。如果敌军先占领隘口，并用重兵据守，就不要去进击。如果敌人没有用重兵据守隘口，就迅速攻取他。在“险形”地区，如果我军先敌占据，必须控制地势高而视界开阔的地段，以等待来犯之敌。如果敌人已先占据，那就主动引兵撤退，不要去进攻它。在“远形”地区，如果双方势均力敌，不要前去挑战，要等敌人来而击破，勉强求战，于我不利。以上六点，是利用地形而制胜的原则，是将帅重大的责任，是不可不认真考察研究的。

军事上作战失败的情况有“走”“弛”“陷”“崩”“乱”“北”六种。这六种情况，都不是由天灾造成的，而是由将帅的过错造成的。在敌我条件相当的情况下，攻击十倍于我的敌人，因而失败的叫作“走”。兵卒强干，军官懦弱的，不能约束驾驭，叫作“弛”。将吏本领高明强干，兵卒懦弱的，不堪使用，叫作“陷”。部将怨怒而不服从指挥，遇到敌人忿然而擅自出战，将帅又不了解他们的能力如何而加以控制，因而失败的叫作“崩”。将帅懦弱不严，训练教育不明法典，军吏士卒不受军纪约束，出兵列阵杂乱无章，叫作“乱”。主将不能正确预料敌情的强弱虚实，以少击多，以弱击强，又没有精选的先锋部队，因此失败叫作“北”。以上六种情况，是造成军队失败的原因，是将帅的重大责任，不可不认真考虑研究。

地形是用兵的辅助条件。正确判断敌情，夺取胜利，考察地形的险隘和计算道路的远近，这些都是将帅必须掌握并做到的。懂得敌情、地形去指挥作战必然胜利。不懂得敌情、地形去指挥作战必然失败。所以，从战争规律上分析，出师行军的实情确有必胜把握，国君说不要打，可以坚决去打；根据出师行军实情不能打胜的，国君说一定要打，也可以不去打。所以，作为一个将帅，应该进不贪求战的名利，退不回避违抗君命的罪责，只求保全民众和士卒，且有利于国家，这样的将帅才算是国家宝贵的人才。

将帅对待兵卒如同对待婴儿一样，士卒就能与他共赴危难；将帅对待士卒能像对待自己的“爱子”一样，士卒就能与将帅同生共死。但是对士卒厚养而不使用，一味溺爱信宠而不教育，违法作乱也不按律惩治，这样的军队，就好比受溺爱的娇养之子一样，不能用来打仗。

只知道自己部队锐勇能打，而不了解敌军不可以打，胜利的可能性也只有一半；只了解敌势虚弱可以打，而不了解自己的部队怯懦不能打，取胜的可能性也只有一半；了解敌势虚弱可以攻打，也了解自己部队精锐可以打，而不了解地形条件不利于打，胜利的把握仍然只有一半。所以，真正懂得用兵的将帅，行动起来决不迷惑，没有失误，采取对敌措施须变化无穷。所以说：了解敌方虚实，又了解自己强弱，争取胜利不会有危险，了解天时，懂得地利，战胜之功方可无穷无尽。

名家注解

曹操曰：欲战，审地形以立胜也。

李筌曰：军出之后，必有地形变动。

王皙曰：地利当周知险、隘、支、挂之形也。

张预曰：凡军有所行，先五十里内山川形势，使军士伺其伏兵，将乃自行视地之势，因而图之，知其险易。故行师越境，审地形而立胜。故次《行军》。

（按：汉简篇题木牍有《□刑（形）》一题，位置在《九地篇》之前，似即本篇篇题，但汉简中未曾发现此篇简文。）

谋略精解

在战前的筹算谋划中，地形是“经之以五事”，是比较、分析，从而了解敌我双方情况的内容之一；在两军相对而争利之时（《军争篇》），“不知山林、险阻、沮泽之形者，不能行军”，成为衡量将帅能否胜任的标准之一，如何先敌占领优势地形，造成有利态势，是至关重要的问题；在敌我双方战场厮杀，兵刃相见时，地形往往成为决定战略战术的主要依靠，“用兵八戒”之“九变之地利”（《九变篇》），“高陵勿向，背丘勿逆”（《军争篇》）等，都强调根据地形之利弊变换作战方法；地形是“处军”的主要依据，也是“相敌”（《行军篇》）的重要方面。现在又专列《地形篇》来主要论述如何善于利用地形之利，以克敌制胜；紧随其后又有《九地篇》从战略高度审视各种地形的特点，反复强调根据不同地形制定相应的作战原则和战术方法的基本思想。孙子在不同的地方反反复复提及地形，由此可见其对地形的重视。

当然孙子不是“唯条件论者”，他没有把地形无限抬高到为决定战争胜负的唯一因素。“知地之形”“用地之利”“得地之利”，是孙子反复强调的重要思想。“地形者，兵之助也”，在孙子看来，地形只是用兵打仗的辅助条件，它有助于战争的成败，却绝不能直接决定敌我的胜负。孙子极力主张的是要充分利用地形之利弊，努力造成有利于我军而不利于敌军的局势，从而克敌制胜。

从“地形者，兵之助”的观点出发，孙子要求将帅们把研究、分析、利用地形克敌制胜作为自己的重大职责（“地之道也，将之至任，不可不察也”）。在“兵有六败”里，孙子又说，失败不能怨天，不能怨地，而是由将帅指挥错误造成的。对于“败之道”，将帅应当做“至任”，认真分析考察，切记不可犯类似的错误。可见将帅在战争中所起的决定性的作用，这里更加表现出将帅作用在孙子心目中的位置。

孙子还强调将帅要掌握“地之道”“败之道”“上将之道”。因为将帅的水平如何和战争的胜败有直接的关系，所以他专门论述了将帅素质的几个重要方面。首先是依托地形判断敌情，决定战略战术“料敌制胜，计险厄远近”。其次是遵循按照战争的自身规律与战场上的实际情况，决定是否用兵“战道”“唯人是保”，而不是从“求名”“避罪”出发，唯君命而从，这样的将帅才是“国之宝也”；再次是爱卒如子，但绝不溺爱，赏罚分明，宽严结合，与士兵建立起真挚的情感，做到同患难、共死生，使军队有强大的战斗力。最后，孙子说要综合天时、地利、人和等因素，清醒处置，变换战术，获取全胜才能了解敌我双方的情况。在“知彼知己”的同时，孙子还特别加上了“知天知地”一条，只有尽知一切与战争有关的情况，才能有效地用己之长击敌之短，用地之利避地之害，避免“败兵之道”而依“战道必胜”，于是“胜乃不穷”。

本篇最后提出的“知彼知己，胜乃不殆；知天知地，胜乃不穷”是一个非常重要的军事原则，是对全胜思想的进一步阐述。

地形者，兵之助也。

兵家活用

孙子说：“地形者，兵之助也。”地形作战，只有树立正确的战争地形观，严格把握好地形的特征，并且合理利用，才能较好地排兵布阵，判定出相关的战略战术，同时发挥自身的优点和特长，从而有效地打击敌人，保存自己。

古代战争对地形有着极强的依赖性，战车、战马、步兵离开其合适的地形，都无法正常作战。因此，每一位优秀的军事家、战争指挥员都能巧妙地利用地形，使之成为用兵作战、夺取胜利的天然助手。

韩信背水而战的故事大家早已耳熟能详。在这个故事中，当他对诸将领道出“陷之死地而后生，置之亡地而后存”的用兵道理后，诸将领无不自叹弗如。

为什么会自叹弗如？实在是因为戏法人人会变，只是巧妙各有不同。兵法何尝不然？有人纸上谈兵，有人依样画葫芦；有人成功，有人失败。能够灵活运用，不被兵法所局限的，才是行家。就以背水一战为例，比韩信早一年，刘邦也曾在狼狈之际使用这一招，结果惨败，为什么？

当时，刘邦趁项羽出兵抗击齐国时，攻击西楚的首都彭城。项羽接获消息后，把攻齐大任交付给手下大将，只率领三万精兵南下反攻，立誓夺取彭城。

而刘邦自从占领彭城之后，便忙着搜刮宝物、美女，日日饮酒作乐，骄纵奢靡，对项羽的反攻毫无戒心。某日清晨，项羽向汉军发动突然攻击，中午时分即获大捷。汉军仓皇逃命，十余万人无路可逃，或被斩杀，或落水而死，其余的汉军继续向南奔逃，到睢水岸边时已走投无路。楚军排山倒海般压过来，汉军被挤撞、冲杀，落入睢水的达十几万人，河面堆满尸体，竟使水流受阻。至于刘邦本人则遭楚军团团包围，命在旦夕。在千钧一发之际，突然刮起一阵西北怪风，折断树木，吹塌房屋，眼前尽是飞沙走石，使得白天形同黑夜。刘邦仿佛命不该绝，得此天候之助，率领数十名骑兵，夺路而逃。

同为背水一战，韩信成功，而刘邦失败，其中的关键在哪里？《前汉纪》作者荀悦分析，韩信攻赵，对赵军而言，等于是在自己的国境内迎战敌人，可进可退，无必死的决心；反观韩信大军，大敌当前，却无后路，只能像过河卒子，拼命向前，这一拼，把所有的潜力统统激发出来了，故以寡击众，创下战场奇迹。

至于刘邦就不是这么一回事了。他深入敌国，整天饮酒作乐，军心涣散，无心恋战。而项羽率领的楚军眼见都城失陷，怒不可遏，哀兵必胜。

不过，韩信能创此奇迹，还得感谢赵国的陈余，若不是他否决了李左车的建议，韩信可能早已成为刀下俎。李左车显然熟悉孙子兵法，他之所以肯定韩信的战力即因汉军离开本土、远征在外，打起仗来必然义无反顾；而赵军离自己的家乡太近，左顾右盼，缺少力战的决心。

处世活用

孙子认为地形是战争中不可缺少的辅助条件，是能够决定战争胜负的重要因素，将帅必予以高度重视。运用地形规律作战，其关键在于变害为利，扬长避短。我们在办事时如果能因地制宜，活用地形，就可以取得较好的成效。

皖南山区有座石头山，山上的石头奇形怪状。20 世纪末，当地村民把这些石头开采下来，送到城里去卖，一家的年收入高达 5 万元。村民心里乐开了花。21 世纪初，村民们发现，城里人用他们开采的石头垒成假山，售价也很高。于是，这些村民也学着垒假山出售，也赚了不少钱，几年后，家庭年收入翻几番。村民们更乐了，他们同时也明白了靠山吃山、靠水吃水这个道理。随着山上的石头越开采越少，村民们认识到，他们不能轻易盲目地出售山石了，而应该有计划、有步骤地开发家乡资源，如今，山里的人利用山石资源积累起来的资金办起了各种乡镇企业，使整个地区的农民很快走上富裕的道路。

这个例子很简单，但是主人公的做法却值得效仿。地势本无心，山水本无形，你不利用它来为自己办事，它也不会主动为你服务。如果你能很好地利用它，那么它就可以给你带来许多财富。

捧着金碗讨饭，住在宝地喊穷，这是典型的不识地利。可见，在处世中提倡因地制宜的思想是很有见地的。

进不求名，退不避罪，唯人是保，而利合于主，国之宝也。

兵家活用

“进不求名，退不避罪”是孙子提出的一个极为可贵的将帅武德的命题，体现了孙子崇高的思想境界和无私无畏的精神风貌。孙子倡导，将帅应当具有光明磊落、胸怀大度、不为功名所引诱、不为罪责所困扰、敢于为战争胜败负责任的武德。

军队作战总是有进有退，有胜有负，只有把个人的名利功罪抛在一边，牢记国家和民族的利益，才能在战场上审时度势，总揽全局，根据实际情况进退自如，把战争引向胜利。若利欲熏心，患得患失，必然招致战场上的失败。历史上，大凡武功赫赫、战绩辉煌的将军，无不坦诚刚直，虚怀若谷，不争功名，不掩过失。

秦末汉初的军事谋略家张良，辅佐刘邦，致力灭秦，振汉击楚，平定天下，可谓功臣第一，但他将功名视为“薄纸”，从不去争，而对刘邦作战指挥失误却从不忍让，全力抗争，使其改正。刘邦起兵初期，在对秦作战时，由于他急于西进，对秦军固守苑城（今河南南阳）置之不理，却引兵绕过苑城向西直进。刘邦如此用兵风险极大，但他却毫无察觉。张良抛开个人得失，力谏刘邦退兵，提醒刘邦说，如不攻下苑城的话，苑城之敌从后面追来，秦军主力再在前面堵阻，将有全军覆灭的危险。刘邦深感震惊，连夜返军，并用重兵将苑城层层包围。次日清晨，苑城秦将登城望见刘邦兵临城下，战旗飘扬，营帐无数，自感大势已去，便投降了刘邦。刘邦兵不血刃，轻取苑城，解除了西进的后顾之忧。

张良高瞻远瞩，多谋善断，运筹帷幄，决胜千里，出奇计，巧安排，既能转危为安，又能乘隙而入，屡屡获胜，其功可谓大矣！然而，可贵的是张良坦诚大度，不计功名，不贪富贵。刘邦称帝后，让张良自择位于黄河下游、经济发展较早、素以富饶著称的齐地三万户为封邑，但张良却说："臣始起下邳，与上会留（今江苏沛县东南），此天以臣授陛下，陛下用臣计，幸而时中，臣愿封留侯足矣。不敢当三万户。"刘邦应允，封他为留侯。

后来张良看刘邦天下已定，就渐渐退出官场，经常托病不出，闭门谢客，深居简出，潜心研究古代军事理论，花费很大精力整理了春秋战国以来的军事著作，为古代军事科学的发展作出了重大贡献。张良这种以功业为重、视名利为轻的风范，同当时群臣争功名、图富贵的行为形成了鲜明的对照，体现了他难能可贵的将帅武德。

处世活用

人生最大的烦恼，不在自己拥有得太少，而在自己向往得太多。向往本不是坏事，但向往得太多，而自己能力又不能达到，则会形成长久的失望与不满。在对环境、对自己都长久地感到失望与不满的情形下，人容易自卑、疑惧，对环境产生戒备感，内心紧张。

对那些太急于求利或急于求功的人来说，他们有必要学会一份“心灵上的舒展”。这种心灵上的舒展就是让自己能把一切看平淡些、看轻松些，不要期望得太高，不要过分地求全责备。固然，在正常的情形下，我们都应该要求自己上进，要求自己做事要成功、精确、胜利、超然，但是在这一切要求之上，还必须有另一种要求来使它平衡，这要求就是使自己“量力而行”“轻松平淡”。

列夫·托尔斯泰在小说《一个人需要多少土地》中讲述了这样一个故事：对土地贪得无厌的帕霍姆，最终在用脚丈量土地的贪婪中吐血而死。他的仆人发现，“帕霍姆最后需要的土地只有从头到脚6英尺那么一小块”。

懂得生命和世事的无常，便会看淡；能够看淡，才不会被物欲所驱使，才能够看得清生命的本质，抛得开功名利禄，找到快乐的源泉。

把富贵看得淡，富贵就不足以动心志；把名利看得淡，名利就不足以动心志；把生死看得淡，生死就不足以动心志。这样就可以随遇而安，逍遥自在。

厚而不能使，爱而不能令，乱而不能治，譬若骄子，不可用也。

兵家活用

战争要求铁的纪律，治军之要就在于严明军纪，有罪必罚，绝不姑息纵容。

五代十国时，后汉爆发了李守贞、赵思绾、王景崇沆瀣一气的“三镇之乱”。后汉朝廷派大将郭威统兵征伐。郭威出征前向老太师冯道请教治军之策，冯道说："李守贞是员老将，他所依靠的是士卒归心，如果你能重赏将士，定然能打败他。"郭威连连点头。郭威率兵进抵李守贞盘踞的河中城（今山西省永济市蒲州镇）外，断绝了河中城与外界的联系，以长期围困的方法逼迫李守贞投降。

遵照冯道的建议，郭威对部下有功即赏，将士受伤患病即去探望，犯了错误也不加惩罚，时间长了，冯道之法果然赢得了军心，却滋长了姑息养奸之风。李守贞陷入重围，几次想向西突围，与赵思绾取得联系，都被郭威击退，几乎是一筹莫展。一天，李守贞忽然听到将士们在议论郭威治军的事情，眉头一皱，想出一条计策来：他让一批精明的将士扮作平民百姓，潜出河中城，在郭威驻军营地附近开设了数家酒店，酒店不仅价格低廉，还可以赊欠。

郭威的士卒们三五成群地入酒店喝酒，经常喝得酩酊大醉，将领们却不加约束。李守贞见此计奏效，悄悄地遣部将王继勋率千余精兵趁夜色潜入河西后汉军大营，发起突袭。后汉军毫无戒备，巡逻骑兵都喝得不省人事，王继勋一举得手。郭威从梦中惊醒，急忙遣将增援，但将士们你看我，我看你，竟畏缩不前。危急中，裨将李韬舍命冲出，众将士才发出一声呐喊，鼓足勇气跟了上去，扭转败局。经此一役，王继勋兵力大减，功亏一篑，退回河中城。这一次突袭为郭威敲响了警钟，使郭威痛感军纪松弛的危险，于是下令："如果不是犒赏宴饮，所有将士不得私自饮酒，违者军法论处。"谁知，军令刚刚颁布，第二天清早，郭威的爱将李审就违令饮酒。郭威又气又恨，思索再三，还是令人将李审推出营门，斩首示众，以正军法。

众将士见郭威斩杀爱将李审，放纵之心才有所收敛，军纪得以维护。不久，郭威向河中城发起攻击，一举平定李守贞之乱，又平定了赵思绾和王景崇之乱，“三镇之乱”至此结束。

处世活用

大千世界，事有迥异，人亦不同。有的人豁达大度，有的人则小肚鸡肠；有的人勤劳勇敢，有的人则懒惰怯懦；有的人积极进取，有的人则自暴自弃……人与人的这些区别告诉我们，我们每个人都面临着一个人格的选择问题。一个人选择了正确的人格模式，就会走向成功，走向美好；选择了错误的人格模式，就会走向失败，走向痛苦。

人的一生，难免有低潮之时，有不如人意的生存阶段，甚至身陷恶劣的环境中。举目四望就会发现周围尽是些卑鄙之人、宵小之人、粗俗之人等。此刻，你的言行稍不检点，心神稍不能稳住，便会沉沦下去，与周围的恶劣环境、卑鄙之人同流合污，那就等于害了自己。

人格是个人的道德品质，也是个人的性格、气质、能力等特征的总和。不可否认，具有高尚人格的人也可能遭遇厄运和不幸。但是，具有高尚人格的人宁可遭遇厄运和不幸，也绝不会放弃高尚的人格，因为他们并不是为了得到回报才保持高尚的人格。

徐悲鸿 19 岁时由家乡宜兴到上海去谋生，从此开始了他的艺术生涯。1921 年，他到法国去留学，有个外国学生竟当面挑衅说：“中国人愚昧无知，生来就是当亡国奴的材料，即使把你们送进天堂里深造，也成不了才。”有强烈爱国之心的徐悲鸿被激怒了，他说：“那好，我代表我的祖国，你代表你的国家，等结业时，看到底谁是人才，谁是蠢材！”

徐悲鸿进入巴黎国立高等美术学校后，学习油画，掌握人体素描的技巧，又研究马的生理结构，画了一千多幅活马速写。在校头一年，他的油画就受到法国艺术家费拉蒙先生的好评。在多次竞赛中，他都获得第一名。1924年，他在巴黎举办了画展，所创作的油画《箫声》《琴课》等轰动了当地的美术界。那个曾经向徐悲鸿挑衅的外国学生，不得不承认自己不是中国人的对手。

积善多者，虽有一恶，是为失误，不足以亡。积恶多者，虽有一善，是为误中，不足以存。无论是从历史的观点看，还是从发展的观点看，抑或从全局的观点看，高尚的人格都是命运的保护神。

没有高尚的人格，便没有高尚的事业。没有高尚的人格，便没有高尚的命运。

知天知地，胜乃不穷。

兵家活用

孙子总结出善于用兵作战的人总会有层出不穷的战术，而这些都来自对知彼知己和天时地利的灵活应用与把握。

公元618年（唐高祖武德元年），唐高祖李渊令秦王李世民率数万大军攻打薛仁杲。同年十一月，薛军率精兵良将来攻，梁实率军据险不出。等到薛军疲惫时，李世民增派庞玉的军队在浅水原布阵牵制敌军，而自己则亲自率领唐军为私冲进敌阵，薛军大败。

李渊建立唐王朝后，为统一江山，消灭各地割据势力，发动了一系列战争。秦王李世民就是这一系列战争的指挥者，他在这场统一战争中显现出非凡的军事才能，不愧为当时的“知兵者”。在攻打薛仁杲的过程中，李世民没有死拼硬打，而是首先做到“知彼知己”“知天知地”，然后把握有利战机，主动出击，最后一举消灭了薛仁杲的大军，为唐王朝的统一扫除了障碍。

处世活用

兵法中的“知彼知己”“知天知地”，运用到为人处世上，就是同理心。

人与人之间如果缺乏沟通，就会产生误会。为什么会这样呢？因为大家都有同一种倾向，喜欢用自己的反应去判断别人的反应，即以己之心度他人之腹。

有一位青年在被老师问及有什么困惑时，答道：“有！我的母亲……我已决定在这个周末离开家庭。”老师在问清来龙去脉后分析道：“你的行为和你母亲的行为十分相似，这就像两种同极磁力相互作用时，它们就互相抵抗与排斥。如果你能够根据对待她的方式来确定她将如何待你，你也许能通过你自己的感情来评价你母亲的感情，这样你就能轻易地解决你的问题了。”老师还告诉他：“如果你知道你的母亲与你性格的相似，主动做出一些友好、积极的表示，如当她告诉你去做什么事，你就愉快地去做；当她给你一个建议，你就诚恳地说出自己的想法或完全接受，这样，就会取得意想不到的效果。”

一个星期以后，当老师再次询问这个青年时，他答道：“我很高兴，在这一周中，我们之间没有说过一句令人不愉快的话，我已经决定留在家里了。”

有时，家庭成员闹矛盾的原因在于双方都没设身处地地站在对方的角度想问题，而是一意孤行。

互相了解，是解决家庭矛盾与纠纷的钥匙，是家庭幸福的重要条件。

九地篇

面对不同的战地、不同的战况，士卒会出现不同的反应。为将者必须认识，进而利用这些心理，以激发士气，使士兵勇往直前，不畏不惧。

孙子将战地分为九类，并指出了怎样处理这些地形。

为将者不但要选择好自己的战地，也要学会分析敌军的战地。

原文

孙子曰：用兵之法：有散地、有轻地、有争地、有交地、有衢地、有重地、有圮地、有围地、有死地。诸侯自战其地，为散地；入人之地而不深者，为轻地；我得则利，彼得亦利者，为争地；我可以往，彼可以来者，为交地；诸侯之地三属，先至而得天下之众者，为衢地；入人之地深，背城邑多者，为重地；行山林、险阻、沮泽，凡难行之道者，为圮地；所由入者隘，所从归者迂，彼寡可以击吾之众者，为围地；疾战则存，不疾战则亡者，为死地。是故散地则无战，轻地则无止，争地则无攻，交地则无绝，衢地则合交，重地则掠，圮地则行，围地则谋，死地则战。

所谓古之善用兵者，能使敌人前后不相及，众寡不相恃，贵贱不相救，上下不相收，卒离而不集，兵合而不齐。合于利而动，不合于利而止。敢问：敌众整而将来，待之若何？曰：先夺其所爱，则听矣。

兵之情主速，乘人之不及，由不虞之道，攻其所不戒也。

凡为客之道：深入则专，主人不克；掠于饶野，三军足食；谨养而勿劳，并气积力；运兵计谋，为不可测。投之无所往，死且不北；死焉不得？士人尽力。兵士甚陷则不惧，无所往则固，深入则拘，不得已则斗。是故，其兵不修而戒，不求而得，不约而亲，不令而信，禁祥去疑，至死无所之。吾士无余财，非恶货也；无余命，非恶寿也。令发之日，士卒坐者涕沾襟，偃卧者涕交颐。投之无所往者，诸、刿之勇也。

故善用兵者，譬如率然。率然者，常山之蛇也，击其首则尾至，击其尾则首至，击其中则首尾俱至。敢问：兵可使如率然乎？曰：可。夫吴人与越人相恶也，当其同舟共济，遇风，其相救也如左右手。是故方马埋轮，未足恃也；齐勇若一，政之道也；刚柔皆得，地之理也。故善用兵者，携手若使一人，不得已也。

将军之事，静以幽，正以治。能愚士卒之耳目，使之无知；易其事，革其谋，使人无识；易其居，迂其途，使人不得虑。帅与之期，如登高而去其梯；帅与之深入诸侯之地，而发其机，焚舟破釜；若驱群羊，驱而往，驱而来，莫知所之。聚三军之众，投之于险，此谓将军之事也。九地之变，屈伸之利，人情之理，不可不察。

凡为客之道，深则专，浅则散。去国越境而师者，绝地也。四达者，衢地也。入深者，重地也。入浅者，轻地也。背固前隘者，围地也。无所往者，死地也。

是故散地，吾将一其志；轻地，吾将使之属；争地，吾将趋其后；交地，吾将谨其守；衢地，吾将固其结；重地，吾将继其食；圮地，吾将进其途；围地，吾将塞其阙；死地，吾将示之以不活。

故兵之情：围则御，不得已则斗，过则从。

是故不知诸侯之谋者，不能预交；不知山林、险阻、沮泽之形者，不能行军；不用乡导者，不能得地利。四五者不知一，非霸王之兵也。夫霸王之兵，伐大国，则其众不得聚；威加于敌，则其交不得合。是故不争天下之交，不养天下之权，信己之私，威加于敌，故其城可拔，其国可隳。施无法之赏，悬无政之令，犯三军之众，若使一人。犯之以事，勿告以言；犯之以利，勿告以害。

投之亡地然后存，陷之死地然后生。夫众陷于害，然后能为胜败。

故为兵之事，在于顺详敌之意，并敌一向，千里杀将，此谓巧能成事者也。

是故政举之日，夷关折符，无通其使，厉于廊庙之上，以诛其事，敌人开阖，必亟入之，先其所爱，微与之期，践墨随敌，以决战事。是故始如处女，敌人开户；后如脱兔，敌不及拒。

译文

孙子说：依照用兵的法则，战地可分为“散地”“轻地”“争地”“交地”“衢地”“重地”“圮地”“围地”“死地”九类。诸侯在本国境内与敌作战的地区是“散地”；进入敌境不深的地区是“轻地”；我军先占领对我有利，敌军先占领对敌军有利的险要地区是“争地”；我军可以去，敌军可以来的地区是“交地”；三面连接邻国，先到就可以得到各诸侯国援助的地区是“衢地”；深入敌境，越过许多敌国城邑的地区是“重地”；行进于山林、险阻、沼泽，凡是难以通行的地区是“圮地”；进入的道路狭隘，退出的道路迂回，敌军能够以其少数兵力击败我众多兵力的地区是“围地”；迅速奋勇作战则能生存，不迅速奋勇作战就会被消灭的地区是“死地”。因此，在“散地”不要作战，在“轻地”务再深入，不宜停留；遇“争地”不宜在被动的情况下进攻，延误时机；在“交地”各部队要互相联系，不可断绝，以防敌人截击；在“衢地”则应结交各诸侯国；在“重地”则应夺取物资，就地补给；在“圮地”就要迅速通过；在“围地”就要巧设计谋；在“死地”要奋勇作战、死中求生。

所谓古代善于指挥作战的人，能使敌人前后无法兼顾，大部队和小部队无法相依靠，官兵无法相救援，上下隔断，不能协调，兵卒溃散，难以集中，与敌交战阵形也不整齐。敌人虽惊扰，也要看有利就行动，不利就停止。试问：“敌军人数众多、阵势严整地向我军进发，用什么办法对付它呢？”回答是：“先夺取敌人要害，这样，敌人就会被迫听从我的摆布了。”

用兵之理贵在神速，乘敌人措手不及的时机，走敌人意料不到的道路，攻击敌人没有戒备的地方。

大凡对敌国进攻作战，其规律是：越深入敌境，军心就越专一，敌军就越不易取胜；在富饶的地区夺取粮草，保障全军有充足的粮食；注意休整部队，使其不疲劳，提高士气，积蓄力量，用兵作战，巧设计谋，使敌人无法判断。把部队置于无路可走的境地，虽死也不会败退；既然死都不怕，官兵就都能尽力而战了。士卒深陷危险境地，就无所畏惧、无路可走，军心就能稳固。越深入敌国，军队就团结，人心专一而不涣散。迫不得已时，就会拼死战斗。因此，这种条件下的军队，不待整治就能加强戒备，不待苛求就能完成任务，不待约束就能亲近相助，不须申令就能遵守纪律。禁止妖神迷信，消除疑虑谣言，即使战死也不逃避。我军士兵没有多余的钱财，并不是厌恶财物；没有人贪生怕死，他们并不是厌恶生命。作战命令颁布的时候，士兵们坐着的泪水沾湿了衣襟，躺着的泪流满面。把军队置于无路可走的危地，就会像专诸、曹刿一样勇敢。

所以，善于用兵打仗的人，能使部队像“率然”一样。“率然”是常山的一种蛇，打它的头，尾巴就过来救应，打它的尾巴，头就来救应；打它的身子，头尾就都来救应。

试问：“军队可以使它像‘率然’一样吗？”回答是：“可以。”吴国人和越国人历来是互相仇恨，他们同船渡河，遇到大风，也能互相救援，就像一个人的左右手一样。因此，以缚住战马、掩埋车轮的办法来稳定军心是靠不住的。要使部队上下齐心协力，勇敢如一人，这是军队组织管理的方法；使强者弱者都能发挥作用，这如恰当地利用地形的道理。所以，善于用兵的人，能使全军携手如一人那样，这是因为形势迫使他不得不这样。

统率军队：要沉着冷静，幽深莫测，公正严明，使人不敢触犯。要能蒙蔽士卒的耳目，使他们对军事行动毫无所知。变更作战部署，改变原来的计划，使人们无法识破其用意；驻军常改驻地，迂回行进，使人们无法推断行动意图。将帅与士兵约期出战，如同登高而抽去梯子一样不能后退；将帅与士卒深入诸侯国土，要像触发弩机射出箭矢一样，使其一往直前。烧掉船只，砸烂军锅，表示心死决心。对待士卒如同驱赶羊群一样，赶过去，赶过来，使他们不知要到哪里去。聚集全军，把他们投入危险的境地，使他们拼死奋战，这便是统率军队的要务。九种地形的不同地势采取不同的行动方针，适应情况，掌握攻防进退的利害得失，官兵上下的不同心理，这些都是不能不认真审察和仔细研究的。

进攻敌国作战的原则，进入敌境越深，军心越稳定专一；进入得浅，军心就容易散漫。离开本国进入敌国作战的地区，叫作“绝地”；四通八达于旁国的地区叫“衢地”；进入敌国纵深的地区叫“重地”；进入敌境浅近的地区叫“轻地”；后险固前阻狭的地区叫“围地”，无路可走的地区叫“死地”。

因此，在“散地”，我就要统一全军的意志坚守；在“轻地”，我就要使部队阵营紧密相连接；遇“争地”，我就要迅速迂回到敌后，做到后人发、先人至；在“交地”，我就要谨慎防守；在“衢地”，我就要巩固与邻国的结盟；在“重地”，我就要保证军粮的供应；在“圮地”，我就要迅速通过这条路；在“围地”，我就要堵塞缺口；在“死地”，我就要昭示士卒有死战的决心。

所以，军事上的情势、士兵的心情状态就是：被包围就会协力抵抗，迫不得已就要拼死战斗，陷入危险的境地就会听从指挥。

因此，不了解各诸侯国的战略动向，就不能与他们结交；不熟悉山林、险阻、湖沼等地形，就不能行军；不使用向导，就不能得到地利。这几方面，有一方面不了解，就不能算是“霸王”军队。凡是“霸王”的军队，进攻大国，能使其军民不得会聚；兵威凌压敌国，就能使其同结交的国家不得前来相合援救。所以，不必争着同天下的诸侯国结交，也不必在别的诸侯国培植自己的权势，只要伸展自己的战略意图、兵威凌压敌国，那么，敌国的城池就可以夺取，国家就可以毁灭。施行超出常规的奖赏，颁布打破常规的号令，指挥全军如同指挥一个人。驱使士卒执行战斗任务，而不说明意图，只告诉他们有利的条件，不告诉他们其中的危害。

把士卒投入“危地”，然后人皆为战才能转危为安；把士卒陷入“死地”，然后人皆奋勇才能转死为生。军队陷入危险之境，然后才能力争胜利。

所以，指挥作战，在于假装顺从敌人心意，谨慎观察敌人的战略意图，集中兵力于主攻方向。即使出兵千里，也可擒杀敌将，这就是所谓用巧妙的方法取得成功。

因此，当决定战争行动之日，就要封锁关口，销毁凭证，禁止与敌国使节往来，在庙堂秘密谋划，做出战略决策，严责军机不可外泄，一旦发现敌人有隙可乘，就要迅速乘机进入，首先要夺取战略要地，但不要与敌人约期决战，破除陈规，敌变我变，灵活掌握作战行动，以求战争的胜利。所以，战争开始要像处子一样沉静，以示其弱，使敌人放松戒备，开启可攻之门；战争展开之后要像脱逃的野兔一样迅速行动，使敌人来不及抵抗。

名家注解

曹操曰：欲战之地有九。

李筌曰：胜敌之地有九，故次《地形》之下。

王皙曰：用兵之地，利害有九也。

张预曰：用兵之地，其势有九。此论地势，故次《地形》。

谋略精解

在《九地篇》中，孙子主张不要在本土上打仗，而将战场摆在“入人之地”处。主动出击，进攻敌国。率三军将士深入敌国腹地，去敌国攻城略地，争王称霸，正所谓“霸王之兵，伐大国”。他提出的“散地无战”“衢地交合”“轻地无止”“重地则掠”的战略原则，着重谈论“为客之道”，这些都很明显地表露出孙子积极进攻的思想。在其他篇目中，孙子也讲过进攻，但都是在对战争这一现象做整体把握的前提下，将进攻与防守，进攻与谋略、地形、军争形势结合起来，作为用兵的一个方面来论述的，但在《九地篇》中，孙子却将进攻作为主要的对象和内容，专门进行讨论，详细论述九种地形和应该采取的战术措施，使《孙子兵法》成为一个完整圆满的体系。

孙子从人的情感、情绪等心理因素出发，探讨如何利用各种地形，充分调动将士们的战斗积极性，防止和克服可能出现的种种消极心理，提出种种聚三军之众的心理措施，并将此视为决定战争胜败的重要因素，认为打仗靠的就是士气，提出“三军可夺气”“避其锐气，击其惰归”。

《九地篇》中，对于兵贵神速、隐蔽突击的论述，对将帅指挥能力的要求等，也有许多精彩之处。如“兵之情主速，乘人之不及，由不虞之道，攻其所不戒”“将军之事：静以幽，正以治”“善用兵者，携手若使一人”“践墨随敌”等。“兵可使如率然”“始如处子，敌人开户；后如脱兔，敌不及拒”更是绝妙之语，是孙子为文之本分。另外，孙子对“置死地而后生”的钟爱在本文中也可见一斑。

兵之情主速，乘人之不及，由不虞之道，攻其所不戒也。

兵家活用

这是孙子阐述突然袭击思想的名言。“主速”，意为重在迅速。“虞”，料想、意料。“戒”，防备、警戒。

孙子主张“兵之情主速”，即自己的行军、攻击都使敌人意料不到，从而造成敌人强大的心理压力，使敌人来不及防范，在敌人仓促应战的情况下，我军自然胜券在握。

公元207年，郭嘉向曹操建议，乘着北方胡人的力量还很弱小，应该尽快征服，以扩大地盘。曹操采纳了他的建议，决定远征千里，袭击乌丸。曹操率领军队到达易县时，郭嘉说：“‘兵贵神速’，今于千里之外去袭击敌人，装备过多，难以取得胜利，况且容易暴露，敌人知道后，必然加强戒备，不如轻装昼夜兼程，出其不意。”曹操觉得有理，就命令部队轻装疾进，秘密通达卢龙塞，直捣单于庭。胡人根本没有想到千里之外的魏军会突然杀来，毫无准备，一片惊慌，仓皇应战，结果不堪一击，很快被打败。曹操从此解除了北部后方的威胁，形成了有利的战略布局，可以全力与孙权、刘表抗争，为统一天下设下了漂亮的一着伏棋。

公元1636年，清军大举南犯。明廷料想清军可能会西进山西，然后以山西为据点向北京进发，于是调集兵力加强对紫荆关至固关一线的防守。不料，清军却由延庆南下，直入居庸关，占领昌平，经沙河、清河直逼北京。明廷急调山西、山东等地明军驰援。不料清军又避开北京，攻占了文安、永清，至雄县后又回攻香河、顺义、怀柔等城，然后又伺机攻下密云、平谷地区，从而为彻底攻克北京铺平了道路。清军在短短不到一个月的时间内一连攻下北京周围十几座城池，令北京陷入重重包围。原因何在？其实很简单，明廷疏于对北京周边地区的防守，而清军正是抓住了这一点，“攻其所不戒”，与明军打起了游击战，所以才连战连胜。

处世活用

孙子说的“兵之情主速，乘人之不及，由不虞之道，攻其所不戒也”也是人生战场的进攻要则。

对一个坚决走向目标的人，别人一定会为他让路；而对一个踌躇不前、走走停停的人，别人一定会抢到他前面去。

两点之间，直线最短。我们应决心朝着既定的方向走去，越直接越好，一定要坚决地信赖自己。如果一个人永远徘徊于两件事之间，对自己先做哪一件事犹豫不决，他将会一件事情都做不成。如果一个人原本做了决定，但在听到自己朋友的反对意见时犹豫动摇、举棋不定，那么，这样的人肯定是个性软弱、没有主见的人，他在任何事情上都只能是一无所成，无论是举足轻重的大事还是微不足道的小事，概莫能外。他不是在一切事情上都积极进取，而是宁愿在原地踏步，或者说干脆是倒退。古罗马诗人卢坎描写了一种具有恺撒式坚韧不拔精神的人，实际上，也只有这种人才能获得最后的成功——这种人首先会聪明地请教别人，与别人进行商议，然后果断地决策，再以毫不妥协的勇气来执行他的决策和意志，他从来不会被那些使得小人物们愁眉苦脸、望而却步的困难所吓倒——这样的人在任何一个行业里都会出类拔萃。

将军之事，静以幽，正以治。

兵家活用

“将军之事，静以幽，正以治”是孙子关于将帅性格修养的一句深富哲理的名言，其中包含着相当丰富的内容。

静，即沉着冷静。它不是指一般的沉静，而是必须达到幽深莫测的程度。幽之静是一种深思熟虑与机智诡诈的“混合物”，是一种深沉、稳重、老练、机警的表现，表面上看寒若冰霜、冷凝如铁，实际上却翻江倒海、激情澎湃；乍一看古板僵化，实质上却聪明、睿智、机警之极。

正，即严正，严正是严肃军纪，从严治军。战争是血与火、生与死的考验，又是以整体的实力、系统的合力制敌的过程，其胜利还取决于民心向背，等等。所以，严格的纪律，是部队建设的重要内容。古往今来，一切文明之师、胜利之师，也必将是军纪严明之师，没有严格的纪律只能说是一群乌合之众，是很难打胜仗的。但是，严格的纪律与指挥员的威严是分不开的，有威则令出必行，无威则有令不从。

第二次世界大战中，日本海军企图在中途岛与美国海军展开决战，将美军逐出太平洋，并拟定了作战计划。但是，美军情报机关截获并破译了日军的密码，然后，他们针锋相对地拟定了歼灭日本海军的行动计划。正当美日海军都在紧锣密鼓地进行战争部署时，美国芝加哥的一家报纸不知通过什么途径获得了美国海军的行动计划，并将其作为独家新闻予以刊发，美日两国情报机关都大吃一惊。

但是，美国总统罗斯福在惊诧之后立刻冷静下来。他认为，如果对这家报纸兴师问罪，必然会惊动日本人，日本人立刻就会取消中途岛的作战计划；更为严重的是，日本人一旦警觉，就会对他们自己“密码”的安全性产生怀疑，倘若日本人更新其“密码”，美国情报机关就只能从零开始……罗斯福采取的对策是：听之任之，故作“不知”。罗斯福一装糊涂，日军首脑则真的“糊涂”起来，他们得出的结论是：美国人是在讹诈，其实他们根本没有破译日本的密码。因此，日本不但没有中止中途岛大战的计划，而且连密码也没有更换。中途岛一战，日本海军落入美军精心设下的陷阱，损失惨重。中途岛大战后，日本海军永远失去了它在海上的优势。

处世活用

把孙子论述的“静以幽，正以治”引申到人生领域，则是性格情操修养的高标准。

有位教师上课的时候，皮带从腰上掉了下来，惹得同学们或窃窃私语，或掩口而笑。该教师发现自己的这一疏忽之后，并没有慌乱羞愧，他微微苦笑了一下，说：“同学们，年底评先进教师你们可别忘记我，一定要投我一票呀！”同学们不解其意。只听教师又接着说：“为了向你们传授知识，我废寝忘食地备课、讲课，真是为同学们‘瘦得人憔悴’。瞧瞧，现在我瘦得连皮带都系不住了，仍然站在这儿给你们讲课，难道我还不够先进？”

皮带掉下来无疑是一件尴尬的事，躲不了，藏不掉。如果这位教师不会控制情绪，不能保持镇静，面对同学们的笑声，不是羞愧难当就是恼羞成怒，那么必将失去风度。怎么办？自我幽默一下以解除窘迫是最好的办法。

九地之变，屈伸之利，人情之理，不可不察。

兵家活用

用兵之利，在于灵活善变，当进则进，当退则退，有曲有伸，伸缩自如，刚柔相济。刚则坚不可摧，柔则如绵似水；伸者锋芒毕露，缩者若有若无，而那种只能刚不能柔，只直不弯，机械死板的用兵方法没有不吃亏的。

中国最早就把“阴阳说”运用于战场，从“两仪”到“八卦”，而八卦的每卦又派生出八卦，即八八六十四卦，再继续派生，无穷无尽，阴阳相济，奥妙无比。所以，专门论述此理的《周易》尤为古代优秀将帅所独钟，并千方百计掌握其中的玄机奥理。这种“阴阳说”最深刻地揭示了事物的发展变化和刚柔相济之理，包含着丰富的辩证法思想。孙子的“屈伸之利”的基本思想也在于此法此理。

战争是生死较量，能否做到“屈伸之利”十分重要，这方面的教训也不胜枚举。三国时期，袁绍虽有百万之师，烜赫一时，但由于他刚愎自用，优柔寡断，当进不进、当退不退，最后败在了当时还处于弱势的曹操手中。刘备因关羽被杀“忍无可忍”，把诸葛亮一再告诫他的“东联孙吴，北拒曹魏”的战略置之脑后，犯忌攻吴，结果落得个全军覆没的下场，几乎为蜀国画上了句号。

“屈伸之利”在任何战场上都是不可缺少的，不懂得这一点，就不懂得如何用兵。它是一种“因利而制权”的灵活制敌手法，体现的是攻与防的重要方法原则，伸则要进攻，打击敌人；屈则防守，保护自己，二者兼顾，以“利”为准则，灵活处置，机变制敌，这就是“屈伸之利”的奥妙之处。

处世活用

智者善屈尊，愚者强伸头。商人总是隐藏其宝物，君子品德高尚，而外貌却显得愚笨。必要时要藏其锋芒，收其锐气，不可不分场合地将自己的才能让人一览无遗。你的长处、短处被别人看透，就容易被他们操纵。相反，谦虚的人往往能得到别人的信赖。谦虚，别人才不会认为你会对他构成威胁，才会赢得别人的尊重，才能建立与人和睦相处的人际关系。

有这样一则故事：被称为“美国之父”的富兰克林，年轻时曾去拜访一位德高望重的老前辈。那时他年轻气盛，挺胸抬头迈着大步，一进门，他的头就狠狠地撞在门框上，疼得他一边不住地用手揉搓一边看着比他的身子矮一大截的门。出来迎接他的前辈看到他这副样子，笑笑说：“很痛吧！可是，这将是你今天访问我的最大收获。一个人要想平安无事地活在世上，就必须时刻记住：该低头时就低头。这也是我要教你的事情。”

富兰克林从中受益终身，后来，他功勋卓越，成为美国历史上的名人，他在一次谈话中说：“这一启发帮了我的大忙。”这个故事，何尝不是给了我们一大启发呢！

投之亡地然后存，陷之死地然后生。

兵家活用

患与利，弱与强，是战争中基本存在的矛盾。任何一方都有可能在某时某地陷于祸患之中，处于弱势境地。要想摆脱不利形势，就必须积极创造条件，化不利为有利，变劣势为优势，从而克敌制胜。

公元407年，大夏开国皇帝赫连勃勃率精兵两万攻南凉，抢虏人口两万多，牛马羊数十万头，满载而归。南凉国君率兵追赶。赫连勃勃心想必有一场恶战，就选择了背靠峡谷的“死地”，并派人把峡谷的冰凿开，以示后退必死。他手下的将士知道后退必死，不如一拼，个个奋勇杀敌，结果南凉兵大败。

这是“以患为利”的典型。没有阳武峡天险之害，大夏士兵带着丰盛的抢掠物品根本不会卖命死战，赫连勃勃下令凿冰，切断退路，陷之死地然后生，大败南凉兵。可见，“患”和“利”在战争中可以相互转化。

处世活用

张海迪是大家十分熟悉的人，她是一位残疾人。她自腰部以下截瘫，其痛苦与艰难非普通人所能想象，她与病魔斗争的勇气更非常人所能及。在疼痛异常和失去行动自由的情况下，她没有整日唉声叹气或自暴自弃，而是利用这个不幸的“机会”更加强烈地发光发热，使自己不幸的人生充满勃勃生机。

没有人能有足够的情感和精力既抗拒不可避免的事实，又创造一个新的生活。你只能在这两个当中选择一样，要么在“死地”中被摧毁，要么奋力斗争，冲出“死地”重围。

永远不要消极地认定什么事情是不可能的和改变不了的，挫折、灾难来临时，坦然地去面对，然后采取积极的行动，你会发现前面“柳暗花明又一村”。

践墨随敌，以决战事。

兵家活用

孙子的用兵思想有许多重要内容，这里所叙述的“践墨随敌”是其中之一。孙子的“践墨随敌，以决战事”说的是实施计划时要随着敌情的变化而不断加以改变，破除成规，灵活决定自己的行动，以求战争的胜利。表明了他反对机械论观点，崇尚随机应变的思想。

在我国历史上，赵括纸上谈兵导致全军覆没的故事，至今仍为人们茶余饭后的笑谈。

赵括是赵国名将赵奢的儿子，小时候爱学兵法，谈起用兵的道理来，口若悬河，自以为天下无敌，连他的父亲都不放在眼里。赵奢死后，秦国趁机攻打赵国，赵王要让赵括为大将带兵打仗。蔺相如说：“赵括只懂读父亲的兵书，不会临阵应变，不能派他做大将。”赵括的母亲也请求不要派他儿子去打仗，她说：“他父亲临终时再三嘱咐，赵括把用兵打仗看作儿戏，谈起兵法来就眼空四海，目中无人，将来大王不用他还好，如果用他为大将的话，只怕赵军会断送在他手里。所以我请求大王千万不要用他为将。”然而，赵王没有听蔺相如和赵母的话，仍以赵括为大将。赵括以为自己读了许多兵书，胸有成竹了，便带领四十万大军与白起率领的秦军交战。战争中，他硬搬兵书上的战法，不求变通，最后不仅自己中箭身亡，四十余万赵军也被白起坑杀。赵国国力从此江河日下。

赵括读过许多兵法，不知赵括是否读过《孙子兵法》，即便他读过了，也只是读死书，不能活学活用，不知变通。其实，《孙子兵法》中有许多内容阐述了随机应变，如《虚实篇》指出的“能因敌变化而取胜者，谓之神”；《军争篇》中“悬权而动”；《九地篇》中“践墨随敌，以决战事”“地有所不争”；“军有所不击”“途有所不由”“君命有所不受”等等，多方面、多角度地阐述了因敌变化、随机应变。

世间没有一成不变的东西，生搬硬套兵书上的用兵规则，不切实际；不肯用发展的眼光分析具体情况，最终只能吃败仗。孙子强调“践墨随敌”，敌变我变，随敌应变，坚决反对那种死抱着计划不放的僵化、机械、教条主义。

处世活用

孙子强调“践墨随敌”，旨在告诫世人要见机行事，灵活多变。只有知变善变，才能出其不意，攻其不备，战无不胜。

宋代沈括《梦溪笔谈·权智》讲述了北宋曹玮任渭州知州时的一件小事。

曹玮为人稳健，遇事从容，有一天，他在各位将官的陪同下大宴宾客，吃完饭，正想与宾客下棋娱乐时，一名士兵慌慌张张跑进来大声报告说：“大事不好，有好多士兵叛逃到西夏那边去了。”听到这一消息，众将官和宾客面面相觑，一片惊惶，曹玮一贯以治军严明著称，怎么会发生这种事呢？情势会怎样呢？

曹玮自己也暗吃一惊，但他深知自己身为主帅，如果此时惊慌失措，不但会危及自己的治军威望，而且有可能动摇军心，后果不堪设想。眼下之计，只有先稳住众人之心，过后再作处理。于是，他急忙止住士兵的话，故意压低声音说："不要声张，那些人都是我暗中派过去的。"

宴席散后，曹玮的话很快就传到了西夏人那里。他们果然相信凡逃亡去的宋营士兵都是奸细，立即一个不留地全给杀了，并把这些人的头颅抛到了宋朝的边境。曹玮的一句话既安抚了军心，又杀掉了叛徒，还制止了宋兵的叛逃，真可谓一箭三雕。

遇到突发事故，与其紧张惊慌，不知所措，不如保持镇定，让自己的头脑和情绪冷静下来，随机应变。其实，不少时候，有些突发事件只是过渡性质的，不需要做出行动上的反应。虽然一时让人虚惊一场，过后却是一去无痕。不少时候，还可能是人为制造的突发事件，意在搅乱你的心神或计划，妄图浑水摸鱼。如果你仓促应对，或心神不宁，自乱阵脚，做出错误的决策或反应，就正好中了对方的圈套。

火攻篇

孙子所说的火攻，实质上讲的是以“火”助“攻”。“以火佐者明”。“佐攻”就是配合作战部队达到歼敌目的。

火攻乃“奇兵”，常常能起到意想不到的作用。孙子指出，“火攻”有五种情形，并阐述了“火攻”的条件，以及可能出现的一些问题。

原文

孙子曰：凡火攻有五：一曰火人，二曰火积，三曰火辎，四曰火库，五曰火队。行火必有因，烟火必素具。发火有时，起火有日。时者，天之燥也；日者，月在箕、壁、翼、轸也，凡此四宿者，风起之日也。

凡火攻，必因五火之变而应之。火发于内，则早应之于外。火发兵静者，待而勿攻；极其火力，可从而从之，不可从而止。火可发于外，无待于内，以时发之。火发上风，无攻下风。昼风久，夜风止。凡军必知有五火之变，以数守之。

故以火佐攻者明，以水佐攻者强；水可以绝，不可以夺。

夫战胜攻取，而不修其功者，凶，命曰“费留”。故曰：明主虑之，良将修之，非利不动，非得不用，非危不战。主不可以怒而兴师，将不可以愠而致战；合于利而动，不合于利而止。怒可以复喜，愠可以复悦，亡国不可以复存，死者不可以复生。故明君慎之，良将警之，此安国全军之道也。

译文

孙子说，火攻有五种：一是用火烧敌军人马，二是用火烧敌军的粮草，三是火攻敌军的辎重，四是火烧敌军的仓库，五是火烧敌军的运输设施。进行火攻需具备一定的条件，烟火器材必须先有准备。发火要选择有利的时候，点火要选准有利的日期。有利时候，指天气干燥；有利的日期，指月亮行到“箕”“壁”“翼”“轸”四个星宿的位置时。月亮经过这四个星宿位置时，正是有风的日子。

凡是进行火攻，必须根据这五种火攻方式的不同实施，灵活派兵配合。火从敌营内烧起，则要迅速派兵从外部策应，火已烧起，而敌营毫无动静，则要冷静观察等待，不要马上进攻；等火势烧得旺盛，视情况可以进攻就行动，不可以进攻就停止。火从敌营外部放，这就不必等待内应，只要时机和条件方便就可以放火。火在上风处放，不可以逆风进攻。白天刮风的时间长，夜间风就容易停止。凡是率军打仗，军队必须懂得灵活运用五种火攻方法的变化，等待条件进行火攻。

因此，用火助攻的，效果显著；用水来配合进攻的，声势强大。用水可以分割断绝敌军，但不能夺敌物资。

用水火助攻，打了胜仗，夺取了土地、城池，而不巩固战果、奖赏有功的士卒是危险的，这叫作“费留”。所以说：贤明的国君要慎重地考虑战胜攻取的事，明智的将帅要认真地奖励攻战中有功的士卒。不是对国家有利就不轻易采取行动，没有取胜的把握，就不可轻易用兵，不到危急紧迫时，就不可轻易出战。国君不可凭一时之怒而发动战争，将帅不可因一时之忿而与敌交战。有利才用兵，不利就停止。愤怒可以恢复到喜悦，怨忿可以转变为高兴，国家亡了就不能再复存，士卒死了不能再复活。所以，明智的国君对用兵一定要慎重，贤良的将帅对交战一定要警惕，这些都是安定国家、保全军队的根本道理。

名家注解

曹操曰：以火攻人，当择时日也。

王皙曰：助兵取胜，戒虚发也。

张预曰：以火攻敌，当使奸细潜行，地里之远近，途径之险易，先熟知之，乃可往。故次《九地》。

谋略精解

火攻是一种重要的作战方法，孙子就火攻之术专辟一篇，较详细地讲解了如何实施火攻的有关问题，如火攻的种类、作用、条件、方法以及火攻中应注意的问题等。这一方面是由当时战争的特点决定的，另一方面说明了孙子对火攻的重视。在冷兵器时代，武器尚不能远距离和大面积杀伤对手的情况下，火攻作为一种特殊有效的进攻手段，作用十分明显。

火攻是以火为手段攻敌制胜，是火器出现前的重要攻击方法，在古代战争中被广泛运用。即便到了兵器已经高科技化的今天，火攻仍然有着相当大的价值。现代兵器中的火焰喷射器、汽油弹、燃烧弹一类，说到底仍然是火攻的一种。

孙子指出，纵火攻敌只是进攻的一种辅助形式，强调与兵力密切配合才能取胜。“以火佐攻者明，以水佐攻者强”，虽然火攻、水攻都有较强的威力，但若不适时投入兵力实施进攻，也很难取得预期的成功，因此他强调指出，“必因五火之变而应之”，并具体介绍了在内放火、在外接应；火起而敌静，则应静观其变，相机决定是攻是止；时机适合，便不需内应，可从外放火；火放在上风口，而我军不要在下风口进攻；如果白天风久，夜晚则风停。这些应变的原则方法，是强调必须遵循客观规律，用兵者不仅要了解火攻的变化，而且要“以数守之”。是否开战的原则是“合于利而动，不合于利而止”，这一切都表明孙子的态度是务实而清醒冷静的。

孙子在文章最后提出的“安国全军”是用兵的最高标准。有的论者将“安国全军”视为孙子军事谋略的首要组成部分，称赞其为“对待战争、控制战争、驾驭战争的大智慧、大谋略”。维护国家安定，保全军队实力，是国君、将帅对待战争、思考决策的基本原则，因此必须非常审慎、十分警觉。类似的思想，孙子在《计篇》《谋攻篇》《地形篇》中都有过论述，这里又作为一个原则明确提出，足见其对“安国全军”的重视。

“慎战论”的思想表现了孙子对战争非常慎重、认真、严肃的态度，是先秦进步军事思想的典型代表，十分可贵，对后世产生了很大的积极影响。

《火攻篇》缜密地反映了孙子在研究具体作战方式、作战手段方面所做的努力，并使《孙子兵法》十三篇的体系圆满完整。

凡火攻，必因五火之变而应之。

兵家活用

公元 974 年秋，宋太祖赵匡胤命令大将曹彬统率水军进攻金陵的南唐政权。曹彬攻下铜陵、芜湖等地后，直接来到南唐都城金陵。此时已是公元 975 年春了。

曹彬挥师进至金陵城外围，南唐的军队背靠金陵城摆下阵势，旌旗猎猎，非常壮观。特别是南唐的水军，扼江而守，一道又一道的栅门十分坚固，令宋军不敢小觑。

当时正值初春，北风凛冽。曹彬与部将李汉琼观南唐的水寨，都情不自禁地想起了当年周瑜火烧赤壁的典故来。李汉琼叹道：“可惜没有内应，不然，何不效周郎，来一次火烧金陵！”

曹彬道：“如今西北风猛烈，如用火攻，定可将南唐水军所设的栅门烧毁。到那时，我们乘势攻击，南唐军必然一片混乱，不怕金陵城不破！”

李汉琼道：“言之有理！”于是，两人进一步商定火攻的具体措施。

李汉琼命令士兵割取河岸的芦苇装上船，又在芦苇上浇上油料，将小船驶近栅门，点燃油料。火借风势，风助火威，大火顷刻之间将坚固的水栅门烧毁了，小船驶入南唐军的水寨，火焰熊熊的小船迅速引燃了南唐军的战船，南唐水军纷纷跳船逃生，乱作一团。曹彬乘势冲杀，一举攻破南唐水寨，兵临金陵城下，将金陵城团团包围。

曹彬对金陵城围而不攻，从春到冬，半年过去了，金陵城内连烧饭的柴草也没有了。南唐国君李煜企图与赵匡胤讲和，赵匡胤一口拒绝了。这一年的冬天，曹彬率领宋军全力攻城，城内南唐军士饥寒交迫，无力抵抗，固若金汤的金陵城终于被曹彬攻破，南唐政权至此灭亡。

处世活用

一个人的能力是有限的，自然的力量、社会的力量等一旦被我们借用，就会使我们脚下如添双轮，背上如插双翼，以他山之石，攻取我渴望之“玉”！

卡耐基曾说过，一个人的成功 85% 取决于人际关系，15% 取决于专业技能，这种说法也许言之过甚，但好的人际关系对个人成功的重要性却是众所周知的。

查理·塞姆斯19岁时找到了一份工作，节省下了一点钱，除此之外，他并不比其他十几岁的孩子富裕。每个星期六他都定期到一家银行去存款，该银行的一位职员对他产生了浓厚的兴趣，他感到这个19岁的小青年十分有能力，也懂得钱的价值。因此，当查理决定做棉花生意时，这位银行职员毫不犹豫地贷款给他。这是查理·塞姆斯第一次用银行贷款，当然它不会是最后一笔。他由此明白银行家可以是朋友。

后来查理成了棉花经纪人，半年后他又成了骡马商人。他当了骡马商人几年后，有两个人找他，请他为他们两人工作。这两位开了一家保险公司，可惜他们不会经营，总是赔钱。见到查理时，他们对查理说："我们是优秀的推销员，但现在我们明白了应当坚持自己的专长——销售。查理，你有良好的经营知识，我们需要你，我们合作一定能成功。"

于是他们就这样合作干了起来。

几年后，查理·塞姆斯收购了他和两个推销员所办的公司的全部股票，靠的仍然是银行贷款。他首先想到的是州立德拉斯银行。在得克萨斯州，大家都明白这个银行愿意出资帮助建设本州，而贷款给查理这样正直、有计划又懂得如何执行计划的人也属于这个银行的业务范围。他成功地得到了这笔贷款。

充分借助人际关系和银行，查理·塞姆斯在10年间把保险公司的年营业额从40万美元发展到4000万美元以上。

信贷是诚实致富的手段，而社会关系则是打开商业成功之门的密码。

主不可以怒而兴师，将不可以愠而致战。

兵家活用

“主不可以怒而兴师，将不可以愠而致战”，对于领导而言，不能因为自己一时的好恶而迁怒于下属，迁怒于天下，以致铸成大错。

东汉末年，群雄逐鹿中原。田丰是袁绍的谋臣。眼看着曹操的势力日益壮大，袁绍不能容忍，决定攻打曹操占据的许昌。田丰劝说袁绍：“曹操善于用兵，而且诡计多端，加之许昌防卫甚严，所以不宜出战。”

袁绍自恃兵精粮多，根本不听田丰的劝告，还说田丰扰乱军心，并把他囚禁起来。不出所料，官渡一战，曹操以少胜多，大败袁绍。袁绍的部下十分惋惜田丰没有随军出征，袁绍也颇为愧悔。力主与曹操决战的逢纪害怕被袁绍谴责，更担心以后田丰的地位会超过自己，便挑拨离间说：“田丰听说将军失败，鼓掌大笑，因不幸被他言中而高兴不已。”

袁绍心胸狭窄、嫉贤妒能，听信了逢纪的谗言，恼羞成怒，杀了田丰。

袁绍作为田丰的顶头上司，听信谗言，不问事实真相，盲目斩杀了田丰，这无疑使他的处境雪上加霜，同时加速了他的灭亡。

处世活用

人遇到不痛快的事难免要发点脾气。喜怒哀乐，人之常情，无可非议。但如不适当地控制自己的感情，盛怒之下，就容易做出傻事、蠢事，甚至就连一件再平常不过的小事也会气死活人。

在《三国演义》中，魏主封76岁的王朗为军师来战蜀兵。本想“只用一席话，管教诸葛亮拱手而降，蜀兵不战而退”的王朗，结果却被诸葛亮轻摇三寸之舌活活气死。诸葛亮三气周瑜，周瑜在恼恨暴怒之下口吐鲜血而亡的故事更是人人皆知。

“制怒”真言，谁都应该作为座右铭，然而制怒并不是一件容易的事，它是一个人以理智战胜情感冲动的过程。善于制怒不仅需有“忍人所不能忍”的宽广胸怀和以大局为重的精神境界，还需有强烈的自我控制意识。要压制怒气，要陶冶性情，不断提高修养，理智地将“愤怒”这个“情绪炸弹”扔掉。

用间篇

孙子所强调的“用间”，讲的是战略侦察，而不是讲一般的使用间谍或战场侦察问题。所谓战略侦察，其内容不仅仅限于军事战略侦察的范畴，还包括对敌国政治情况的了解。

孙子曰：“知己知彼，百战不殆。”只有对敌人有了充分的了解，才可以运筹帷幄，从容应战。

原文

孙子曰：凡兴师十万，出征千里，百姓之费，公家之奉，日费千金；内外骚动，怠于道路，不得操事者七十万家。相守数年，以争一日之胜，而爱爵禄百金，不知敌之情者，不仁之至也，非人之将也，非主之佐也，非胜之主也。故明君贤将，所以动而胜人，成功出于众者，先知也。先知者，不可取于鬼神，不可象于事，不可验于度，必取于人，知敌之情者也。

故用间有五：有因间、有内间、有反间、有死间、有生间。五间俱起，莫知其道，是谓神纪，人君之宝也。因间者，因其乡人而用之；内间者，因其官人而用之；反间者，因其敌间而用之；死间者，为诳事于外，令吾闻知之而传于敌间也；生间者，反报也。

故三军之事，莫亲于间，赏莫厚于间，事莫密于间。非圣智不能用间，非仁义不能使间，非微妙不能得间之实。微哉微哉，无所不用间也！间事未发而先闻者，间与所告者皆死。

凡军之所欲击，城之所欲攻，人之所欲杀，必先知其守将、左右、谒者、门者、舍人之姓名，令吾间必索知之。

必索敌人之间来间我者，因而利之，导而舍之，故反间可得而用也。因是而知之，故乡间、内间可得而使也。因是而知之，故死间为诳事，可使告敌。因是而知之，故生间可使如期。五间之事，主必知之，知之必在于反间，故反间不可不厚也。

昔殷之兴也，伊挚在夏；周之兴也，吕牙在殷。故惟明君贤将，能以上智为间者，必成大功。此兵之要，三军之所恃而动也。

译文

孙子说：凡是兴兵十万，千里征战，百姓的耗费，公家的开支，每天要花费千金；内外一片骚动，民众服徭役，为运输物资疲惫于道路，不能从事耕作的计有七十万家。与敌相持数年，为了争取最后一天的胜利，吝惜爵禄金钱而不重用间谍，以致不能了解敌情的虚实而失败，这是不能仁民爱物到了极点。这种人不配当军队的统帅，不配做国君的助手；这样的国君，不是取胜的好国君，不配为胜利的主宰。英明的君主，贤良的将帅，之所以一出兵就能战胜敌人，成功超出众人，其重要原因，就在于事先了解敌情。事先了解敌情，不可采用迷信鬼神占卜的方法，不可用过去与此相似的事情类比推测，也不可用观察日月星辰运行的位置来算吉凶祸福，只能从人、从知道敌情的人那里去了解敌情的虚实。

间谍有五种：有“乡间”，有“内间”，有“反间”，有“死间”，有“生间”。五种间谍同时使用起来，使敌人无从了解我用间的规律，这就是奇妙莫测的要领，是国君的法宝。

“因间”，是利用敌方的普通人做间谍。“内间”，是指利用敌方的官吏充当间谍。“反间”，是收买或利用敌方派来的间谍，使其反为我方效力。“死间”，是指故意在外泄露假情报，让我方间谍传给敌方。“生间”，是指派往敌军侦察后，能活着回来报告敌情的间谍。

所以治理三军之事，没有比间谍更为亲信的了，奖赏没有比间谍更优厚的了，事情没有比间谍更秘密的了。不是圣智的将帅不能使用间谍，不是仁义的将帅不能指使间谍，不是用心微妙、治事精明的将帅不能取得间谍的真实情报。微妙呀！微妙啊！真是无处不需用间谍。间谍的工作尚未进行就事先透露了消息，那么间谍和他所涉及的人都要被处死。

凡是要攻击的敌军，要攻占的敌方城堡，所要击杀的敌方人员，必须先了解主管将帅及其左右亲信、掌握传达通报的官员、守门小吏和近伴门人幕僚等人的姓名，命令我方间谍务必侦察清楚。

必须搜查出敌方派来侦察我方的间谍，要利用收买、多方诱导和交给任务，然后放他回去，这样反间就可以为我所用了。由此而了解情况，于是“乡间”“内间”就可以为我所用了。由此而了解情况，于是就能使“死间”假传情报给敌人，由此而了解情况，于是就可以使“生间”按照预定期限，回报敌情。五种间谍使用之事，国君都必须知道，想要知道敌情，关键在于“反间”，所以，对“反间”不可不给予优厚的待遇。

从前殷朝的兴起，是因为伊尹曾经在夏朝做过间谍；周朝的兴起，是因为重用了在商纣时曾居朝歌的吕牙。所以，贤明的国君，贤能的将帅，能用足智多谋的人做间谍，一定能建立大功。

这是用兵作战的关键，整个军队都要依靠间谍提供敌情来决定军事行动。

名家注解

曹操、李筌曰：战者必用间谍，以知敌之情实也。

张预曰：欲素知敌情者，非间不可也。然用间之道，尤须微密，故次《火攻》也。

谋略精解

孙子军事理念的基石是“知己知彼，百战不殆”，在孙子的各种计谋中，“知”是关键。“知己”容易，而“知彼”较难，所以孙子为讲述知彼的计略，专门开辟一篇《用间篇》。

孙子将间谍分为因间、内间、反间、死间、生间五种，并对其人员身份、活动特点做了指示，明确指出，“无所不用间”“五间俱起，莫知其道”，而“吾间必索知之”。

在间谍的使用上，孙子提出了亲抚、重赏、秘密三个要素。将“亲”与“密”紧密联系。不是心腹，不可以言秘；间事不秘，则为己害。使间亲、使事秘，能让间谍死心塌地、临危不变，则靠厚赏优待。其中包含了对间谍的培养和使用两个方面。在间谍的人选上，孙子认为最理想、最重要的原则是“以上智为间”。所谓“上智”者，就是像伊挚（伊尹）、吕牙（姜太公）那样有大智大勇大谋略的人。任用这样的人做间谍，没有成就不了的功业。

由以上几方面，孙子得出结论：用间，“此兵之要，三军之所恃而动也”。用间在军事活动中占有举足轻重的地位，甚至是全军将士成败得失、身家性命的依靠。

纵观整篇文章，不难发现孙子将《用间篇》放在全书的最后一篇不是偶然的，而是颇具匠心的一笔。从全书的内容来看，

《用间篇》放置最后与第一篇《计篇》首尾呼应，使得全书形成一个完整的体系。同时显示出孙子对“知己知彼”思想的执着与坚持。总之，不论从该篇的内容上还是从整本书的结构上来说，孙子的思想逻辑都是极为严密的。

先知者，不可取于鬼神，不可象于事。

兵家活用

孙子曾经阐释过“上兵伐谋”“不战而胜”的兵法，兵不血刃的方式很多，利用反间计，不动刀枪就除掉心头大患，也是军事战争中常用的方法。楚汉之争时，刘邦身边的陈平便是善用反间计的谋士。

就在项羽和刘邦争天下的第三年，汉王刘邦对胜利迟迟未到已渐感不耐烦，他问陈平怎样可以平定天下。

陈平不假思索地说：“项羽的心腹干将不外乎范增、龙且等，大王您如果肯拨万两黄金，离间他们君臣的感情，以项羽善猜忌的性格，必然使他们君臣反目，此时我军乘势攻打，破楚便易如反掌。”

刘邦对陈平的建议深有同感，于是拨出四万两黄金，任由陈平使用，毫不过问，而陈平的金钱攻势果真见效，他用钱收买楚军间谍，散播谣言说：

“龙且等人功勋彪炳，却一直未能受封为王，心中极为不平，他们有意和刘邦同谋，里应外合，消灭项羽，分地为王。”

一向多疑的项羽听到这个传闻后，认为并非空穴来风，对龙且等大将日渐疏远。

第一步成功了，接下来目标指向老谋深算的范增。

范增在项羽心目中的地位自非龙且等人可比，不是三言两语就能挑拨得了的，但陈平还是把握住了绝佳的机会。就在项羽把刘邦围困在荥阳，却始终无法攻破，心急如焚之际，刘邦派人向项羽求和，并愿意以荥阳为楚河汉界，各守一方。

项羽顾及刘邦非等闲之辈，荥阳又久攻不下，有意接受刘邦的请和，但范增力劝项羽急攻荥阳，切莫心存“以退为进”的消极打算。刘邦为此大为苦恼，担心项羽改变主意，陈平决定施展反间计，逼走范增。

当项羽派使者前来时，陈平准备了丰盛的大餐款待，可是一见到这名使者，便故意露出惊讶的表情说：“啊，原来是项王派来的人，我还以为是亚父（范增）派来的呢。”说完，眼前的佳肴立即被换成粗茶淡饭。使者备受冷落，心里颇不是滋味，回去后立即禀奏项羽。项羽不由得对范增起了戒心，对范增建议攻城之议更觉得其中有诈。范增被怀疑后，怒而请辞，在返乡途中发病而死。

项羽麾下的智多星范增就这样被用计逼走。项羽少了范增，宛如缺了聪慧的头脑，徒有强健的躯壳，再勇猛也无济于事，注定了失败的命运。

处世活用

“先知”不是迷信，而是一种洞察先机的大智慧，平时多看、多想、多留意，你会发现许多意想不到的事。

清朝雍正年间，大将军年羹尧镇守西安之时，广求天下贤才人士为己所用。有位叫蒋衡的前去应聘，年羹尧甚爱他的才华，对他说：“下科状元一定是你的。”年羹尧说话语气如此之大，正是依仗自己的功劳及与皇帝的特殊关系。

蒋衡见他刚愎自用，骄奢之极，就对他的同僚说：“年羹尧德不胜威，当今万岁英明神武，年羹尧大祸必至，我们不可久居于此。”他的同僚却不以为然。

蒋衡不顾同僚的劝阻，执意称病回家。蒋衡回家后不久，年羹尧果然出事了，还牵连了不少人，蒋衡因与年羹尧早早脱离关系，所以平安无事。

蒋衡从年羹尧的骄横言行中已经预知到他存在的危机，及时与他拉开了距离，避免了祸及自身，可见，对事情的发展方向的预见是非常重要的，好的预见能力可以避免重大决策和方向上的偏差与错误。

反间可得而用也。

兵家活用

公元 1627 年，昏庸无能的明熹宗得病死去，他的弟弟朱由检即位，即崇祯帝。

崇祯帝上台后，着手铲除阉党，又给忠臣杨涟、左光斗等人平反。此时，许多大臣请求把隐退的袁崇焕召回朝廷。崇祯帝接受了这个意见，并且提拔袁崇焕为兵部尚书，负责指挥整个河北、辽东的军事。崇祯帝问他有什么计划与打算。袁崇焕说：“只要给我指挥军事的大权，朝廷各部一致配合，我敢说不出五年，可以恢复辽东。”

崇祯帝听了十分高兴，认为袁崇焕确实有雄才大略，是个难得的将领，于是下令给袁崇焕一口尚方宝剑，准许他全权行事。

袁崇焕重新回到宁远，选拔人才，整顿队伍。当时的东江总兵毛文龙作战不力，却屡次虚报军功，不服从袁崇焕的指挥。袁崇焕一气之下，杀了毛文龙。这件事震惊全军，自此军中没有谁再敢违抗他的命令。

皇太极上次打了败仗，一直在伺机反击，他知道宁远、锦州防守十分严密，决定改变进兵路线。于1629年秋，率领几十万后金军，从龙井关、大安口（今河北遵化北）绕道河北，直扑北京。

这一着大大地出乎袁崇焕的意料，打了他一个措手不及。袁崇焕急忙下令出兵，想在半路上把后金军拦住，可是已经来不及了。后金军长驱直入，一直来到了北京郊外。袁崇焕带着明军刚到北京，还没顾上休息，就和后金军展开激烈的战斗。其他几路前来增援的明军也陆续赶到，投入战斗。

后金军大举进攻北京，这一消息引起了全城震动。崇祯帝坐卧不宁，不知该怎么办才好，后来听说袁崇焕带兵赶到救驾，心才安定了一些。他亲自召见袁崇焕，慰劳了一番。然而，一些魏忠贤的余党却散布谣言，说这次后金军绕道进攻北京，是袁崇焕故意引进来的，说不定里面还有更大的阴谋。

崇祯帝是个猜疑心极重的人，听了这些谣言，也有些怀疑起来。正在这个时候，有一个被金兵俘虏的太监从金营设法逃了出来，向崇祯帝密告，说袁崇焕和皇太极二人已经订下密约，袁崇焕要出卖北京。这个消息像晴天霹雳，把崇祯帝吓呆了。

原来，明朝有两个太监被后金军俘虏去以后，被关在金营里。有天晚上，一个姓杨的太监半夜醒来，听见两个看守他们的金兵在外面轻声谈话。

一个金兵说："今天咱们临阵退兵，完全是皇上（指皇太极）的意思，你可知道其中的原因吗？"另一个说："什么原因？"一个又接着说："刚才我就看到皇上朝着明营的方向急走，明营里也有两个人过来，他们谈了好半天话才回去。听说那两个人就是袁将军派来的，他已经跟皇上有密约，眼看大事就要成功啦……"

姓杨的太监偷听了这番话，趁看守他的金兵不注意，偷偷地逃了出来，跑回皇宫向崇祯帝密告。崇祯帝听了后信以为真。他哪里知道，这恰恰是皇太极预先布置的反间计！

崇祯帝大怒，下令把袁崇焕押进死囚大牢。有个大臣知道袁崇焕一直忠心为国，绝无二心，觉得这件事情非常蹊跷，于是就劝崇祯帝三思而行，崇祯帝拒绝这个大臣的良言劝告，一意孤行，第二年，袁崇焕被崇祯帝处死。

皇太极用反间计除掉了对手袁崇焕以后，就退兵回到盛京。从此以后，后金越来越强大。

处世活用

《三国演义》中，曹操曾派手下谋士蒋干到其好友周瑜那里打探军情，周瑜将计就计，上演了一出有名的“群英会蒋干中计”，使曹操斩杀了水军都督蔡瑁、张允，这是历史上十分有名的“反间计”。细细想来，我们生活中常常在与别人发生矛盾后，才发现是有人挑拨离间，散布谣言，破坏你与好友、同事、领导之间的团结和友谊。这是因为你们的团结友好可能影响到了别人的利益，引起了他人的嫉妒，中了别人的“反间计”。

在企业界，很多企业家走的是先打工再创业的道路。打工使老板们拥有了一定的经验和客源，这对他们以后的创业之路起到了很重要的作用。

有这样一个故事：

王总在城里有一家自己的装饰公司，公司生意红红火火。在有了足够的资金后，王总试图扩大自己的生意，但是做什么呢？王总一直在犹豫之中。一天，第一个广告公司出现在该市时，王总觉得这是一个潜力无边的行业，而且这一行投入少、风险小，有前途，但是王总知道自身的不足，不足之处就在于他不懂广告业，而且当时懂得广告的人也非常少，无处可学。面对这种状况，王总想出了一个好的办法，即打工学艺。

随后王总将自己的公司交给公司副总打理，自己认真地做好简历，打扮成普通人去广告公司应聘。

由于王总是带着目的来工作的，加上他又勤劳肯干，还有装饰的技术，很快在广告公司里露出锋芒，得到了同事的好评及老板的认可。

工作之余，王总努力使自己拥有一大批客户资源。老板准备提拔他为部门负责人，此时王总却递交了辞职申请，毅然离开了广告公司，开始创办自己的事业。丰富的工作经验使得王总自己的广告公司很快就占领了市场。

这个故事告诉我们，无论是在古代的战争还是现代的商业竞争中，智慧和策略都是取胜的关键。面对困难和挑战，我们不应该轻易放弃，而应该冷静分析形势，采取有效的应对措施。只有这样，我们才能在激烈的竞争中立于不败之地，实现自己的目标和梦想。正如《三国演义》中的周瑜一样，王总也用自己的智慧和勇气书写了一段属于自己的传奇。